Dr. Michael Lohmann

Vögel am Futterhaus

Erkennen und richtig füttern

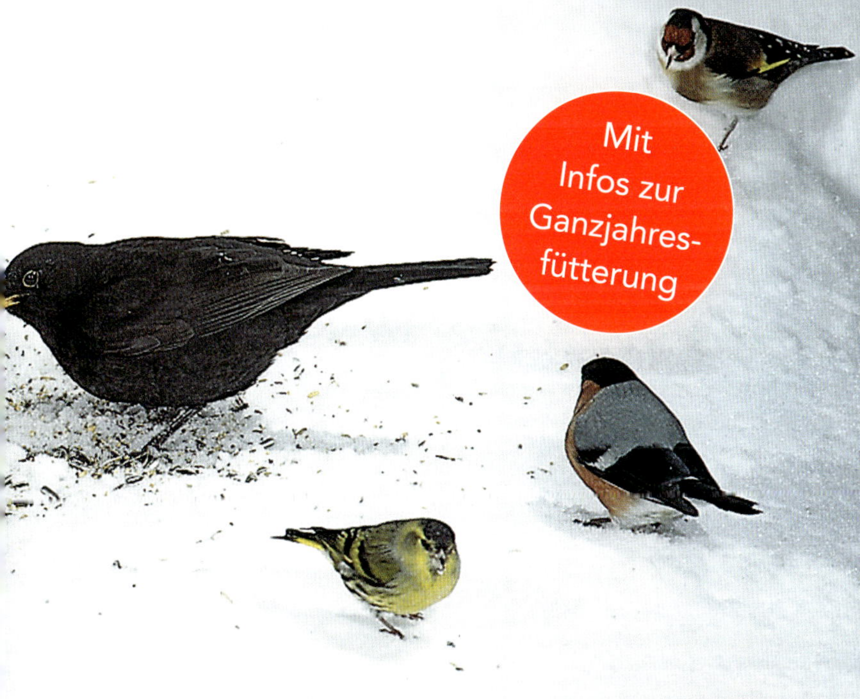

Mit Infos zur Ganzjahres-fütterung

Bibliografische Information
der Deutschen Nationalbibliothek

Die Deutsche Nationalbibliothek verzeichnet diese Publikation in der Deutschen Nationalbibliografie; detaillierte bibliografische Daten sind im Internet über http://dnb.d-nb.de abrufbar.

7. Auflage

 BLV Buchverlag GmbH & Co. KG
80636 München

© 2018 BLV Buchverlag GmbH & Co. KG München

Lektorat: Dr. Friedrich Kögel, Christina Rothe, Elena Gabler
Herstellung: Hermann Maxant
Umschlagkonzeption und Gestaltung: BLV Buchverlag, München

Bildnachweis

Blickwinkel/J. Fieber: 57o; Blickwinkel/F. Hecker: 1; Blickwinkel/McPHOTO: 85u; Blickwinkel/M. Woike: 65or; Danegger: 2/3, 6, 11, 19u, 25o, 33o, 51o, 69u; Dhoxax – Fotolia.com: 15; Giel: 23o, 27o, 31, 67o; Limbrunner: 19o, 21o, 23u, 25u, 29u, 45u, 65u, 67u, 71o; Michael Breuer/OKAPIA: 17; Pforr: 7, 16u, 33o, 55u; Schmidt: 13, 37u, 41u, 49, 51u, 53, 59, 61o, 83o, 93u; Shutterstock: Alexander Erdbeer: 21ur, Andrew M. Allport: 85o, Em-Jott: 77o, Harry Siegers: 79o, John Navajo: 69o, Simon Edge: 14, WayneDuguay: 83u; Firma Schwegler: 12r; Synatschke: 16o, 45o; Thielscher: 41o, 43u, 55o, 57u, 73u, 75o, 75u, 91; Firma Vivara: 12l; Willner: 47o, 61u, 71u, 73o, 73M, 79u; Wothe: 9, 27u; Zeininger: 21ul, 29o, 35, 37o, 39, 43, 47u, 63, 65ol, 75M, 77u, 81o, 81u, 87, 89, 93o

Umschlagfotos: Arco Images (vorne); Fotolia (hinten links); Wothe (hinten rechts)
Piktogramme: Gisela Rüger, München
Satz: Uhl + Massopust, Aalen

Gedruckt auf chlorfrei gebleichtem Papier

Printed in Italy

ISBN 978-3-8354-1876-9

Einführung

Vögel beobachten

Über das Für und Wider der Vogelfütterung im Garten werden Sie gleich noch viel mehr erfahren. Eins ist aber gewiss: Hier bietet sich eine wunderbare Möglichkeit, Vögel aus nächster Nähe zu beobachten. Wer überhaupt einen Sinn für Naturbeobachtung, für Wildtiere und ihr Verhalten hat, der wird in unseren mitteleuropäischen Landschaften – in denen Großwild gewöhnlich nicht wie in afrikanischen Nationalparks herumläuft – früher oder später die Welt der Vögel entdecken. Und das Futterhaus ist eine ausgezeichnete »Anlaufstelle« dafür.

Dass Vögel im Wertesystem der meisten Menschen erst weit hinter Elefanten, Löwen, Nashörnern und Gazellen rangieren, hat mit den Größenunterschieden in zweifacher Weise zu tun. Zum einen laufen einem beim Anblick eines Rotkehlchens keine vergleichbaren Schauer der Ehrfurcht, der Angst oder des verwandtschaftlichen Erkennens über den Rücken, wie bei einem Wal, einem Tiger oder einem Schimpansen. Selbst ein Adler oder Albatross vermag solche Urgefühle nicht zu mobilisieren. Der andere Nachteil der Kleinheit: Man sieht Vögel so schlecht; manchmal nur als »Ungeziefer der Bäume«, wie Bertholt Brecht die Vögel respekt- und offenbar kenntnislos einmal bezeichnet hat. Tatsächlich kann es frustrierend sein, wenn man in einem Wald oder Gebüsch einen Vogel (dessen Gesang unser Herz bewegt) zu entdecken versucht. Und selbst wenn man ihn schließlich mit verbogenem Hals ausfindig gemacht hat, sieht man doch meistens nicht mehr als eine flüchtige Silhouette, ein unscheinbares Federknäuel im Geäst. Da hilft oft auch ein Fernglas nicht, uns den Musikanten näherzubringen, da die flinken Tiere im Laubgewirr schwer zu finden und meist schon wieder anderswo sind, bevor man sie im Blickfeld hat.

Vögel gehören neben den Säugetieren zu den am höchsten entwickelten Tieren, haben eigenständig die konstante Körperwärme »erfunden« und damit die Voraussetzung für ein hoch entwickeltes »Geistes- und Seelenleben«. Hinzu kommt, dass Farben und Muster ihrer Federkleider ebenso wie Tonumfang und Dynamik ihrer Gesänge unseren ästhetischen Ansprüchen mehr entgegenkommen als die jeder anderen Tiergruppe. Und schließlich erkennen wir in ihrem Verhalten – man denke an die Beschreibungen von Konrad Lorenz etwa seiner Graugänse oder Dohlen – »menschliche«, das heißt hoch entwickelte soziale Zuge.

Doch um all dies zu entdecken, müssen wir Mittel und Wege finden, wie wir die Kluft der Scheu, der luftigen Lebensweise, der Kleinheit überwinden können. Drei Möglichkeiten gibt es, Vögeln so nahe zu kommen, dass sie uns plötzlich ihr Wesen offenbaren, uns erkennen lassen, dass sie viel mehr zu bieten haben, als nur irgendeinen anonymen Soundtrack für romantische Stunden.

Möglichkeit eins besteht darin, Vögel zu fangen, in Käfige zu sperren, oder sie zu zähmen, ihnen die Scheu vor uns zu nehmen. Die zweite Möglichkeit besteht darin, sie mit starken Fernrohren in ihrer natürlichen Umgebung zu beobachten. Das funktioniert aber, wie gesagt, in Wäldern nur sehr unvollkommen. Darum konzentrieren sich viele Vogelbeobachter auf Vögel der Gewässer, der Ufer, der offenen Flächen, wo man mit ausgefeilter Optik auch noch auf mehrere hundert Meter Entfernung fast jede Feder zählen kann. Die dritte Möglichkeit, die natürlichen Distanzen zwischen

Gimpel, Stieglitz, Zeisig, Grünfink, Bergfink, Kohl- und Blaumeise

Mensch und Vogel zu überbrücken, besteht im uralten Jägertrick des Anfütterns – und damit kommen wir endlich zum eigentlichen Thema dieses Buches.

Vom Sinn der Vogelfütterung

Man hat manchmal den Eindruck, als würden heutzutage die einfachsten Dinge in unnötiger Weise problematisiert. Auch das Füttern von Wildtieren gehört dazu. In mancher Hinsicht sicher zu Recht, denn die Fütterung von Rehen, Hirschen und Wildschweinen führt tatsächlich zu einer gewissen »Verhaustierung«, zu ökologisch problematischen Überbeständen, die zugunsten jagdlicher und zulasten waldbaulicher Interessen gehen. Hier werden in der Tat natürliche Regulationssysteme (Selektion schwacher und kranker Tiere durch die Härten des Winters, Abbau zu hoher Populationsdichten durch Beutegreifer oder angemessene Bejagung) außer Kraft gesetzt und damit das Ökosystem massiv verändert.

Durch das Für und Wider zur Winterfütterung bei Vögeln sind viele Menschen verunsichert. Sollen wir überhaupt füttern? Wenn ja, wann und wie? Hinter solchen Fragen stehen einerseits durchaus bedenkenswerte Zusammenhänge, andererseits drückt sich darin aber auch eine vielleicht besonders deutsche Ängstlichkeit aus, etwas nicht richtig, nicht vorschriftsmäßig zu machen. Dabei sollte jeder durch Beobachtung wissen, dass die Natur in ihrer Vielfalt nicht danach fragt, ob zu einem bestimmten Zeitpunkt dieses oder jenes Vogelfutter »erlaubt« ist, ob das Wasser in der Tränke jeden Tag oder nur jede Woche erneuert werden muss, ob der Eingang zu einer Bruthöhle 26 oder 27 mm Durchmesser haben soll.

Die Vögel der Siedlungen und Gärten haben in unterschiedlicher Weise gelernt, mit einer teilweise sehr veränderten und sich ständig weiter verändernden Welt zurechtzukommen, diese Welt des Menschen mit ihren vielen Möglichkeiten zu nutzen, als Nahrungsquelle, als Nistplatz, als Versteck. Die Menschen haben beim Bau der Häuser, Fabriken, Straßen, Stauseen, bei der Rodung der Wälder für Wiesen und Felder so gut wie nie darüber nachgedacht, ob und für welche wild lebenden Tiere und Pflanzen diese oder jene Maßnahme förderlich oder verhängnisvoll sein könnte. Die Arten selbst haben »entschieden«, und »entscheiden« jeden Tag neu, ob und welche der vom Menschen geschaffenen Möglichkeiten sie nutzen können und welche nicht. An der Grundtatsache, dass nur bestimmte Arten mehr oder weniger zu Kulturfolgern werden konnten, lässt sich auch mit noch so raffinierten Hilfen im Garten nicht viel ändern.

Aus biologischer Sicht muss man auch sagen: Zur Erhaltung von Arten kann Winterfütterung sicher nicht beitragen, das Aufhängen von Nistkästen in aller Regel auch nicht. Eher lassen sich gewisse negative Auswirkungen der Fütterung erkennen (die man aber auch infrage stellen kann):

- Einige Vogelarten werden dadurch möglicherweise auf Kosten anderer gefördert. Was durch menschliches Tun aber ohnehin in riesigem Umfang geschieht.
- Das natürliche Wanderungsverhalten kann dadurch gestört werden. Was aber ebenfalls, z.B. bei Amsel oder Mönchsgrasmücke, längst Tatsache ist.
- Die natürliche Selektion kranker, erbschwacher, weniger gut angepasster Individuen, besonders durch die harten Winterbedingungen, wird teilweise außer Kraft gesetzt. Durch die Zivilisation sind aber auch die Selektionsbedingungen nicht mehr »natürlich«, und »angepasst« heißt heute auch bei vielen Wildtieren: der Zivilisation angepasst.

Im Übrigen gilt auch hier die gleiche Einschränkung wie gegenüber den positiven Auswirkungen: Unsere Bemühungen um Vogelschutz und -förderung im Garten sind für die meist über riesige Gebiete verbreiteten Vogelarten und selbst für regionale Populationen von nahezu vernachlässigbarer biologischer Wirkung – im Positiven wie im Negativen.

Der Wert unserer Bemühungen um Vogelschutz im Garten liegt auf ganz anderem Gebiet: Sie sind vor allem für die Beziehung des Menschen zur Natur und zu ihren Lebewesen von unschätzbarem Wert. Diese Beziehung kann nicht nur rational sein, und dazu ist die eigene Anschauung, das eigene Erleben nötig. Und von der Art dieser Beziehung hängt es ab, wie der Mensch auch im Großen mit der Natur umgeht. Darum möchte ich die Frage nach Sinn und Zweck der Vogelfütterung mit einem unumschränkten Ja beantworten.

Vogelschutz ist mehr als Füttern

Allerdings sollte das Füttern von Vögeln immer nur die letzte einer ganzen Reihe von Maßnahmen zum Schutz und zur Förderung der Vögel sein. An erster Stelle steht immer die Verbesserung der natürlichen Lebensbedingungen. Ein auf Hochglanz polierter, mit dem Staubsauger gepflegter Garten bietet Vögeln weder Schutz noch Nahrung. Ein Futterhaus wirkt hier wie ein Widerspruch. Wenn Ihnen die Lebendigkeit einer vielfältigen Vogelwelt Mühen und Kosten wert sind, dann sollten Sie an erster Stelle dafür sorgen, dass es in Ihrem Garten möglichst viel große Bäume, dichtes Gebüsch und eine nahrhafte Streuschicht aus Laub und anderen Pflanzenresten darunter gibt. In dieser verrottenden Streuschicht finden die Vögel das ganze Jahr über, also auch im Winter, die Art von Nahrung, die wir ihnen am Futterhaus gar nicht bieten können: Spinnen,

Zutrauliche Blaumeise

Milben, Würmer, Tausendfüßler, Insekten und deren Larven. Zusätzlich sollten Beeren tragende Sträucher und Samen tragende Stauden das Nahrungsangebot des Gartens bereichern. Schließlich sind Stein- und Reisighaufen, Naturmauern und Holzstöße begehrte Verstecke (und Nahrungsquellen) nicht nur für kalte Tage, sondern auch als Nistgelegenheiten. Dass Katzen im Garten dem Vogelleben nicht eben förderlich sind, dürfte ohnehin bekannt sein.

Dem grundsätzlichen Ja zur Vogelfütterung hat sich auch die Frage nach dem Wie der Fütterung unterzuordnen: Unzählige Tierarten leben von den Abfällen des Menschen, darunter viele Vögel. Und kein besorgtes Wissenschaftlerauge wacht darüber, ob ein weggeworfenes verschimmeltes Brot, eine faule Orange, eine stinkende Wurst oder gar irgendein Kunststoff der Gesundheit der Tiere zuträglich ist oder nicht. Trotz aller Anpassung an die Zivilisation funktionieren die Instinkte der Tiere noch immer so gut, dass sie höchst selten am Genuss von Zivilisationsabfällen – oder »falschem« Futter – zugrunde gehen.

Natürlich ist es etwas anderes, wenn wir ganz bestimmte Vogelarten fördern wollen. Dann werden wir vernünftigerweise den speziellen Bedürfnissen möglichst weit entgegenkommen. Dazu gehört aber auch die Kenntnis der individuellen Anpassungs- und Lernfähigkeit. Manche Vögel haben so spezielle Nahrungsansprüche – bestimmte Sämereien in bestimmtem Reifegrad oder bestimmte Insekten – dass wir sie mit gewöhnlicher Fütterung gar nicht erfüllen können. Die meisten haben aber ein recht weites Nahrungsspektrum, nehmen, was sie finden.

Diese Vorrede soll Sie also ermutigen, selbst zu entscheiden, was Sie für die Vögel in Ihrem Garten tun wollen. Selbst zu experimentieren, zu beobachten, nachzudenken, selbst herauszufinden, welche Maßnahme welche Wirkung hat. Die Natur ist viel zu komplex, als dass man für das Zusammenspiel zwischen Lebensraum und Organismen feste Anleitungen geben könnte. Schließlich ist auch jeder Garten mit seinem Umfeld ein Einzelfall, für den allgemeine Regeln nur begrenzt gelten können. Wenn wir im Folgenden einige Anregungen geben, dann nur, um gemachte Erfahrungen weiterzugeben und Ihnen damit unnötig lange Lernprozesse und Umwege und den Vögeln echte Nachteile aus Unwissenheit zu ersparen.

Winterfutter – wann, wie, was?

Mit dem Hinweis, man solle Wildvögel nicht verpäppeln, fordern manche Naturschützer, mit der Fütterung erst zu beginnen, wenn der Winter mit Schnee und Eis das Land überzieht – und sie gleich wieder einzustellen, sobald es wieder etwas wärmer wird. Diesem sicher gut gemeinten Rat kann man eine Vielzahl von Argumenten entgegenhalten. Einige nannten wir schon; vor allem die Tatsache, dass die Auswirkungen des Fütterns auf Vogelpopulationen und -arten insgesamt minimal sind. Außerdem: Wie hart die Lebensbedingungen für Vögel sind, hängt keineswegs nur von Kälte und Schneedecke ab und ist für die verschiedenen Arten und Lebensräume ganz unterschiedlich. Frühheimkehrer wie Rotkehlchen, Bachstelze, Star oder Feldlerche brauchen gerade dann Unterstützung, wenn der Winter zur Neige geht. Überdies: Die Unterscheidung zwischen künstlichem Futter und natürlicher Nahrung lässt sich in der vom Menschen bestimmten Welt kaum noch sinnvoll treffen.

Bis auf Einzelbeispiele von Meisen, die mit negativen Folgen (welchen?) ihre Jungen mit Haferflocken gefüttert haben sollen, sind keine Schäden selbst durch ganzjährige Fütterungen nachgewiesen. In England hat man im Gegenteil festgestellt, dass Amseln, denen das ganze Jahr über Futter geboten wurde, in besserem Gesundheitszustand waren, mehr gesungen haben und mehr Nachwuchs hatten als Vögel in gleicher Umgebung ohne zusätzliches Futter. Versuche über mehrere Jahre an der Vogelwarte Radolfzell kommen zu ähnlichen Ergebnissen.

Meine eigenen Erfahrungen mit ganzjähriger Fütterung gehen in die gleiche Richtung: In meinem nur etwa 150 m² großen Garten mit ebenerdiger Terrasse in dörflicher Umgebung experimentiere

Buntspecht-Männchen und Kohlmeise

ich seit etlichen Jahren mit verschiedenen Fütterzeiten, Futtermitteln und Futtergeräten. Das Einzige, was mich von der Ganzjahresfütterung wieder abbringen könnte, sind die Kosten. Und das obwohl ich bei meinen Versuchen stets auf die Quadratur des Kreises bedacht war: hohe Qualität von Futter und Geräten bei mäßigen Kosten, in Verbindung mit praktischer Handhabung und geringem Arbeitsaufwand.

Von den zweifellos sehr geeigneten Sonnenblumenkernen bin ich weitgehend abgekommen. Grund: Bei starkem Andrang (von dem gleich noch die Rede sein wird) werden die Schalenabfälle zu einem ästhetischen, hygienischen und Arbeits-Problem. Geschälte Sonnenblumenkerne sind zu teuer. Auch auf Hanfsamen verzichte ich, zumindest im Sommer.

Heute beschränke ich mich – und das seit geraumer Zeit – auf Erdnussbruch und geölte Haferflocken (Haferflocken und Speisepflanzenöl so mischen, dass alles Öl aufgesogen wird). Die geölten Haferflocken gebe ich portionsweise (mehrmals am Tag) in einen größeren Blumentopfuntersatz in Tischhöhe und regengeschützt auf der Terrasse.

Den Erdnussbruch verabreiche ich in einer gekauften Plexiglasfuttersäule (siehe Abbildung S. 12) mit drei Etagen für gleichzeitig sechs Vögel. Bei meinem Andrang reicht der Inhalt (600 g) aber nicht mal einen Tag.

Darum baute ich auch Futtersäulen selbst. Sie bestehen aus 50 cm langen Kunststoffrohren mit 10 cm Durchmesser. Man bekommt sie als Abflussrohre mit Deckel im Landhandel oder Baugeschäft. Am unteren Ende schneidet man halbrunde Öffnungen in den Röhrenrand, aus denen das Futter rieseln kann. Darunter befestigt man einen Blumentopfuntersatz von 16-18 cm Durchmesser, am besten mit isoliertem Elektrodraht, den man durch entsprechende Löcher in Untersatz und Röhrenwand zieht und dann umbiegt. Als Regenschutz über diesem Futtertischchen verwende ich einen Untersatz mit 25 cm Durchmesser, in den ich ein Loch mit Durchmesser der Säule schneide. Wer es seinen Vogelgästen besonders bequem machen möchte, der sollte noch eine etwa 50 cm lange, nach beiden Seiten überragende Sitzstange unter dem Futtertischchen anbringen. – So ein Gerät fasst gut

Art	fetthaltige Samen und Nüsse	feine Sämereien	Tierfette (Schwarte, Talg usw.)	Trockenfleisch, Mehlwürmer	Trockenbeeren, Obst usw.	Getreide, Brot
Schwäne						●
Gänse						●
Enten						●
Blesshuhn						●
Möwen				○		●
Tauben	○	○				●
Spechte	●		●	○	○	
Bachstelze				●		
Seidenschwanz					●	
Zaunkönig		○	○	●		
Heckenbraunelle		○	○	●		
Rotkehlchen		○	○	●	○	
Hausrotschwanz				●		
Drosseln (Amsel)	●	○		●	●	
Mönchsgrasmücke				●	●	
Goldhähnchen		○	●	●		
Meisen	●	●	●	●		
Kleiber	●	○	●			
Baumläufer			●	○		
Star				●	○	
Häher	●		●	○	○	○
Elster und Krähen	○		○	●		●
Sperlinge	●	●	●			○
Finken	●	●	○			○
Kernbeißer	●	○				
Girlitz		●				
Zeisige	○	●				

Art	fetthaltige Samen und Nüsse	feine Sämereien	Tierfette (Schwarte, Talg usw.)	Trockenfleisch, Mehlwürmer	Trockenbeeren, Obst usw.	Getreide, Brot
Grünling	●	●	●			
Stieglitz		●				
Gimpel	●	●			○	
Hänfling		●				
Kreuzschnabel	●	●				
Ammern	●	●				

● = Hauptnahrung   ○ = Nebennahrung

2,5 kg Erdnussbruch. Und das erlaubt mir, auch bei starker Nachfrage mal eine Woche zu verreisen.

Bei solch einseitiger Diät besteht meine flatterhafte Kundschaft, in der Reihenfolge ihrer Häufigkeit, aus: Haus- und Feldsperlingen, Kohl- und Blaumeisen, Grünfinken, Staren, Türkentauben, Amseln, Buchfinken (nur am Boden), Kleibern, Sumpfmeisen, Stieglitzen, Schwanzmeisen, Girlitzen, Buntspechten, Rotkehlchen und Bachstelzen. Letztere wissen die beim Knabbern der Hartschnäbel reichlich herabfallenden Brösel zu schätzen. 20–30 Vögel in 5–7 Arten sind eigentlich ständig zu beobachten. Und viele Arten bringen nach der Brut ihre Jungen mit. Da wird Vogelbeobachtung erst zum Erlebnis. Eltern füttern ihre Kinder. Ehepaare streiten sich. Star vertreibt Türkentaube. Ein Theater in ständig neuer Besetzung.

Mein Erdnuss-Haferflocken-Minimalismus ist nicht jedermanns Sache. Je vielfältiger unser Futterangebot ist, desto bunter wird die Vogelwelt sein, die sich davon angezogen fühlt – vorausgesetzt, Sie wohnen nicht gerade mitten in einem baum- und strauchlosen Stadtzentrum. Grundsätzlich gilt es, zwischen Körnerfressern und Weichfutterfressern zu unterscheiden, auch wenn die Übergänge fließend sind (siehe bei den einzelnen Arten).

Üblicherweise werden Körner, allenfalls noch Fette am winterlichen Vogelhaus verfüttert. Das hat auch praktische Gründe, weil Körner in Mengen geerntet und ohne Wertverlust aufbewahrt, transportiert und gehandelt werden können. Das vom Handel angebotene Winterfutter besteht hauptsächlich aus fetthaltigen Sonnenblumen- und Hanfsamen sowie Erdnussbruch. Das sind relativ große, hartschalige oder harte Speisen, die nur Arten mit kräftigen Knack- und Schälschnäbeln sowie Meißelartisten wie Meisen, Kleiber und Spechte begeistern. Subtilere Mischungen (etwa Waldvogel-, Kanarien- oder andere Exotenmischungen) enthalten auch Kleinsämereien, die für Arten wie Erlenzeisig und Girlitz (als Frühheimkehrer) attraktiver sind.

In den wärmeren Gegenden Mitteleuropas verbringen auch Vogelarten den Winter, die nicht zu den robusten Körnerfressern gehören, sondern ganzjährig wenigstens

Links: geschlossenes Futterhäuschen mit Futterspalt; Mitte und rechts: verschieden große Futtersäulen aus Kunststoff

einen Teil ihres Nahrungsbedarfs mit Kleintieren des Bodens, in Ritzen versteckten Insektenlarven und überwinternden Insekten und Spinnen decken müssen. Sie nehmen aber im Winterhalbjahr auch Beeren, Obst, Kleinsämereien, Pollen und Nektar der ersten Weidenkätzchen zu sich. Diesen Vögeln, zu denen unter anderen Zaunkönig, Rotkehlchen, Amsel, Heckenbraunelle, Bachstelze, Baumläufer und Star gehören, kann man als Futter die verschiedensten (selbst gesammelten) getrockneten Wald- und Gartenbeeren, Rosinen, Obstschnitzel, Haferflocken, getrocknetes Fleisch und Fett – beides stets ungesalzen – anbieten. Das Fett (Talg, Margarine, Backfett) kann man in kleinen Gefäßen, als Speckseite oder in Form fettgetränkter Haferflocken verabreichen. Wer mehr Geld ausgeben will, kann auch spezielles Weichfresserfutter (für Exoten) kaufen und ausprobieren, welches davon welchen Vögeln am besten schmeckt.

Futterstellen, Futtergeräte

Die Frage nach Art und Aussehen der Futterstelle ist nicht nur eine funktionelle. Beliebt sind immer noch die aus Holz gebastelten Futterhäuser im Stil von Landhäusern für Zwerge. Das sieht hübsch und naturverbunden aus, ist aber zumindest aus vier Gründen unpraktisch. Erstens brauchen solche meist mit klobig-hölzernen Dreibeinen ausgestattete Futtervillen viel Platz in Abstellräumen, wenn sie nicht gebraucht werden. Zweitens lässt sich bei den einfacheren Modellen Futter und Vogelkot nicht wirksam trennen. Drittens lassen sich solche Futterhäuser schwer reinigen. Und schließlich: Manche Vogelarten scheuen sich, mehr oder weniger geschlossene Räume aufzusuchen, da sie gewohnt sind, ihr Futter unter freiem Himmel, auf freiem Feld, bei freier Sicht zu suchen.

Praktisch, schlicht und leicht zu verstauen sind die bereits erwähnten Futtersäulen,

bei denen das Futter aus seitlichen Öffnungen von den Vögeln entnommen werden kann. Es gibt sie in den verschiedensten Größen bei Naturschutzverbänden oder Spezialfirmen (siehe S. 95). Diese Geräte können aufgehängt, auf einem Stab in den Gartenboden gesteckt oder mit Saugnäpfen am Fenster befestigt werden.

Vogeltränken

Werfen wir schließlich noch einen Blick auf das Thema Vogeltränken. Sie sind merkwürdigerweise viel weniger verbreitet als andere Vogelhilfen, obwohl sie zumindest in Gegenden mit geringen Niederschlägen als Tränke und – fast noch wichtiger – als Bad eine echte Attraktion für Vögel sein können.

Blaumeisen bedienen sich gern am Futterknödel

Was heute an Vogeltränken auf dem Markt gewöhnlich angeboten wird, ist oft weder funktional noch ästhetisch befriedigend. Jede natürliche Pfütze ist den meisten Vögeln zum Planschen offenbar lieber als eine dieser verkünstelten Schalen aus allerlei Materialien. Und sie sind nicht einmal preiswert. Entschieden billiger und mindestens ebenso gut geeignet sind Blumentopfuntersätze aus Ton (oder Kunststoff), die man in allen Größen in Gartencentern und Blumenläden bekommt. Ich verwende sie inzwischen ausschließlich, da sie stets zur Hand und leicht zu reinigen sind.
Ob eine Insel in der Mitte des Beckens nützlich ist oder eher hinderlich, ist umstritten. Bei kleinen Becken (bis zu 50 cm Durchmesser) sind sie wohl eher ein Hindernis. Sie können das am besten selbst herausfinden, wenn Sie probehalber ein paar größere Steine hineinlegen, die man auch wieder wegnehmen kann.
Am natürlichsten und für Vögel am leichtesten erreichbar sind bis zum Rand im Boden versenkte Vogeltränken. Wenn dadurch leichter Erde, Gras oder Laub ins Wasser fällt, so ist das kein Grund zur Aufregung, da Vögel andere Vorstellungen von »Sauberkeit« haben als wir.

Beschaffung und Zubereitung von Vogelfutter

Körner und Samen: Heute gibt es schon in jedem Supermarkt eine stattliche Auswahl an Vogelfutter, im Landhandel bekommt man weitere Körner (z. B. Hanf) und in Zoohandlungen die verschiedensten Spezialfutter. Trotzdem lohnt es sich, über eigene Futterzubereitung nachzudenken; sie kann nicht nur Kosten sparen, sondern auch Spaß machen.
Zunächst einmal besteht die Möglichkeit, geeignete Futterpflanzen im eigenen Garten anzubauen. Sonnenblumen sind ja bekanntlich nicht nur wertvolle Samenspender, sondern auch eine Zierde zumindest für größere Gärten. Auch Flachs (Lein) lässt sich relativ leicht anbauen, sieht mit seinen blauen Blüten hübsch aus und lie-

Rotkehlchen am Futterhaus

fert die auch von Vögeln geschätzten Leinsamen. Auch Hanf wäre eine ebenso hübsche wie nützliche Pflanze, wenn nicht die Drogengesetzgebung die Sache zumindest sehr erschweren würde. Zwar dürfen bestimmte Sorten landwirtschaftlich angebaut werden, im Hausgarten wird man aber in jedem Fall Ärger mit den Gesetzeshütern bekommen. Schließlich sollte man sich auch der alten »Getreide«-pflanze, des Buchweizens, erinnern, eines problemlos anzubauendes Knöterichgewächses, dessen eckige Samen von Vögeln gern gefressen werden.

Neben diesen ausgesprochenen Samenlieferanten kommt selbstverständlich eine Vielfalt von Wildkräutern und Stauden als Futterpflanzen für Vögel infrage. Kreuzkraut, Klette, Wegerich, Skabiose, Löwenzahn, Knöterich, die verschiedenen Dolden- und Korbblütler, Mädesüß, Disteln, Ampfer, Huflattich, Bocksbart, Flockenblume, Wasserdost und viele mehr bieten für die verschiedenen Bedürfnisse eine reiche Auswahl. Man muss die Pflanzen nur ihren eigenen Reifeprozessen überlassen, muss es – sofern sie im Garten wachsen – ertragen, dass sie nach der Blüte oft braun, trocken und »unansehnlich« werden. Manchmal entfalten die dürren Stauden aber auch besondere ästhetische Reize – und das nicht nur im Raureif. Ob man die Samen all dieser Wildpflanzen erntet oder sie an der Pflanze den Vögeln überlässt, das muss jeder selbst entscheiden.

Getreidekörner werden übrigens nur von wenigen Vögeln geschätzt, da sie offenbar für die meisten zu hart sind. Nur die Tauben mit ihrem zum Vorquellen des Getreides geeigneten Kropf picken sie gerne auf. Mit einer kleinen Quetschmühle kann man aber aus Weizen, Hafer und Roggen ein geeignetes Futter auch für kleinere Vogelarten bereiten, wenn man es nicht gleich vorzieht, die entsprechenden Flocken zu kaufen. Am begehrtesten sind sie mit Speiseöl getränkt.

Schließlich sei noch an die verschiedenen Samen der Bäume erinnert. Von den geflügelten Minisamen der Birken und Erlen, den größeren der Ahorne und Eschen bis hin zu Bucheckern und Koniferensamen sowie den harten Nüssen von Hasel und Walnuss ist das Angebot groß und nahrhaft. Bei den hartschaligen Nüssen muss man kleineren Vögeln den Zugang natürlich durch Zertrümmern der Schalen und gegebenenfalls auch Zerkleinern des Kerns erleichtern.

Obst und Beeren: Samen sind besonders stärke- und fetthaltig und sie sind oft hart und daher für Vögel mit zarteren Schnäbeln nicht geeignet. Als wichtige Ergänzung spielen daher Beeren und Obst eine entscheidende Rolle. Von den vielerlei Wildbeeren, die unsere Flora bietet, kommen praktisch alle in getrockneter Form auch als Winterfutter infrage. Das reicht von den Hagebutten der Rosen über die Früchte von Felsenbirne, Berberitze, Kornelkirsche, Hartriegel, Felsenmispel (Cotoneaster), Weißdorn, Pfaffenhütchen, Kreuzdorn, Efeu, Sanddorn, Stechpalme, Wacholder,

Liguster, Heckenkirsche, Mispel, Vogelkirsche, Traubenkirsche, Schlehe, Johannis-

beere, Holunder, Mehlbeere, Vogelbeere bis hin zu Blau- und Preiselbeere, Schneeball und Mistel. Am einfachsten ist es sicher, die roten Beerendolden der Vogelbeere
(Eberesche) oder die schwarzen Beeren des Holunders im August zu sammeln und
in der Sonne oder an einem trocken-warmen Ort (gegebenenfalls im leicht erhitzten
Backofen) zu trocknen. Doch je vielfältiger das Angebot, desto sicherer treffen wir
den Geschmack der verschiedenen Vogelarten.

Angefaulte oder mehlig gewordene Äpfel sind ebenfalls eine besondere Leckerei für
alle Drosseln und andere nur bedingt der Körnernahrung zugeneigten Vogelarten,
wie Rotkehlchen, Star und Heckenbraunelle. Am besten legt man die aufgeschnitte-
nen Apfelhälften einfach auf den Boden und lässt die Vögel daran picken oder zup-
fen. Gedörrtes Obst kann ebenfalls verfüttert werden, muss aber in mundgerechte
kleine Stücke zerschnitten werden.

Fleisch und Fett: Obwohl sich die meisten unserer Wintervögel ausschließlich von
pflanzlicher Kost ernähren können, gibt es doch einige Arten, wie Drosseln, Rotkehlchen, Zaunkönig, Heckenbraunelle, Bachstelze, Baumläufer und Star, die sehr dank-
bar für zusätzliche fleischliche Kost sind. Wenn man nicht die in größeren Mengen
doch recht teuren Weichfressermischungen des Zoohandels kaufen will, sollte man
Hackfleisch im Backofen trocknen oder versuchen, Trockenfleisch oder getrockneten
Fisch zu bekommen und mit dem Messer in kleine Flocken zu schaben. Ganz besonders wertvoll sind lebende Mehlwürmer, wenn man zum Beispiel ein Rotkehlchen über die schlimmste Zeit bringen will.

Wesentlich einfacher ist die Verabreichung tierischer Fette, die als Zusatznahrung
fast die gleiche Bedeutung haben wie das Fleisch. Am besten nimmt man ungesalzenen Rindertalg. Beim Metzger bekommt man ihn sowohl am Stück als auch
bereits ausgelassen. Man kann das fette Stück von Rind oder Schwein als Ganzes
irgendwo aufhängen (im Winter wird es eher hart frieren als faulen oder von Fliegen-

Drosseln fressen gern altes Obst

Kohlmeisen am ungesalzenen Speck

maden besiedelt werden). Dann können sich alle Kletterkünstler daran gütlich tun, von den Meisten bis zum Baumläufer. Oder man verflüssigt das Tierfett durch Erhitzen, gibt etwas Speiseöl dazu, damit es in der Kälte nicht zu hart wird, und gibt auf etwa zwei Teile Talg einen Teil Kleie oder Körner aus der Futtermischung. Man kann auch Trockenbeeren (Rosinen) zugeben. Die noch warme Masse füllt man in kleine Blumentöpfe, nachdem man ihr Bodenloch mit einer Aufhängevorrichtung verschlossen hat. Statt der Blumentöpfe kann man auch halbe Kokosnuss-Schalen verwenden, die den Vorteil haben, dass sich die Vögel an ihrer rauen Schale auch dann noch festhalten können, wenn die Füllung dem Ende zugeht. Zu diesem Zweck sollte man beim Blumentopf einen rauen Holzstab so durch das Bodenloch stecken, dass er unten über den Topfboden und oben über die eingefüllte Masse hinausragt; dann haben die Vögel immer einen guten Halt.

Eine weitere Möglichkeit, den Weichfressern genügend Fett zukommen zu lassen, ist das Tränken feiner Haferflocken in Speiseöl.

Futter für Wasservögel: Zu den Zierden nicht nur städtischer Parks, sondern immer häufiger auch größerer Gärten gehören Teiche. Wenn sie groß und natürlich genug sind, so etwa ab 50 m^2, können sie auch Wasservögel beherbergen, sei es nur für einen kürzeren oder längeren Besuch, sei es für die Ansiedlung eines Brutpaares. Das Füttern von Wasservögeln ist allerdings da und dort zu einem Problem geworden, weil die Besucher zu viel oder ungeeignetes Futter ins Wasser werfen. Nicht gefressenes Futter führt zu einer Verunreinigung (Eutrophierung) des Wassers, deren Folgen den meisten Wasserorganismen schlecht bekommen und schließlich auch den Vögeln schaden können (Botulismus in heißen Sommern).

Kleinere, auf die Größe des Gewässers und die Zahl der Wasservögel abge-

Tannenmeise am Fettfutter

Wasservögel an der Fütterung

stimmte Mengen an geeignetem Futter schaden jedoch weder der Lebensgemein-
schaft im Wasser noch den Vögeln und sind eine weitere Möglichkeit, mit wild
lebenden oder halbzahmen Tieren in engen Kontakt zu kommen.
Für Schwäne, Enten und Blesshühner sind Getreidekörner das geeignetste Futter:
Weizen, Hafer und Mais vor allem. Auch trockenes (Weiß-)Brot wird von diesen
hauptsächlich vegetarisch lebenden Arten gerne angenommen. Es hat nur den
Nachteil, sich im Wasser rasch in seine feineren Bestandteile aufzulösen, die dann
von den Vögeln nicht mehr gefressen werden und zur Verschmutzung des Wassers
führen können. Für Möwen, die zugeworfene Brotbrocken elegant im Flug erha-
schen, und in kleineren, rasch verzehrten Mengen auch für Schwimmvögel, sind
Brotreste aber durchaus geeignet.

Symbole zur Fütterung: Zur raschen Orientierung wird bei jeder Art angegeben, mit
welchem Futter die Vögel auf welche Weise am besten versorgt werden. Dabei be-
deuten:

 fetthaltige Samen und Nüsse   Trockenfleisch, Mehlwürmer usw.

 feine Sämereien   Trockenbeeren, Obst

 Tierfette (Schwarte, Talg usw.)   Getreide, Brot

17

Höckerschwan *Cygnus olor*

Aussehen: Wie ein Schwan aussieht, weiß jedes Kind, groß und weiß. Dass es in Europa drei verschiedene weiße Schwanenarten gibt, wissen nur wenige – was freilich keine allzu schmerzliche Bildungslücke ist, da Sing- und Zwergschwäne in Mitteleuropa nur als seltene Wintergäste in Erscheinung treten, und man selten so nah an sie herankommt wie an unsere halbzahmen Park- oder Höckerschwäne. Auch sie waren einst auf Nord- und Osteuropa beschränkte Wildschwäne, die aber dann an vielen Orten ausgesetzt wurden, wo sie sich als halbzahme Vögel vermehrten. Der erwachsene Höckerschwan ist immer an dem schwarzgrauen, federlosen Höcker über der Schnabelwurzel erkennbar. Er ist beim Männchen größer als beim Weibchen. Schwieriger ist die Unterscheidung junger Schwäne, die beim Höckerschwan teils graubraun wie alle jungen Wildschwäne, teils weiß wie die Alten sind. Gegenüber Zwerg- und Singschwan ist aber immer die fast schwarze Schnabelwurzel ein gutes Erkennungsmerkmal.

Verhalten: Schwäne machen stets einen majestätischen Eindruck. Ihre Bewegungen sind gemessen, wenn sie nicht gerade wegen eines Rivalen oder Neststörers in Rage geraten. Dann stellen sie ihre Flügel an und rauschen mit kräftigen Schwimmstößen aufeinander zu, zischen und fauchen Furcht einflößend und jagen einem Konkurrenten wohl auch schon einmal mit mächtigen Flügelschlägen und platschendem Wassertreten hinterher. Im Flug erzeugen ihre Schwingen meist ein pfeifendes Geräusch. Andere Lautäußerungen sind vom Höckerschwan nicht zu hören, im Gegensatz zu Zwerg- und Singschwan, die trompetende Rufe – vor allem im Flug – erschallen lassen.

Vorkommen: In ganz Mitteleuropa sind Höckerschwäne auf großen und kleinen Seen und Teichen, auch auf langsam fließenden Flüssen anzutreffen. Ihr großes Bodennest legen sie am liebsten in einem lockeren Schilfsaum an.

Nahrung: Mit ihrem langen Hals gründeln Schwäne nach Nahrung, die aus Wasserpflanzen besteht. Ab und zu sieht man auch Schwäne beim schwerfälligen Landgang auf Wiesen und im jungen Getreide, wo sie wie Gänse weiden.

Fütterung: Mais- und Weizenkörner sowie trockenes Brot in nicht zu großen Stücken werden von den Schwänen gerne angenommen. Dieses Futter sollte aber immer nur Zusatzfutter in kleinen Mengen sein, da die Kost der Wasserpflanzen zweifellos die artgerechtere ist.

Am Wasser: , Grünzeug

HÖCKERSCHWÄNE

HÖCKERSCHWAN, LINKS WEIBCHEN, RECHTS MÄNNCHEN

Graugans *Anser anser*

Aussehen: Die Stammform unserer weißen Hausgänse ist ein schwergewichtiger Vogel, wirkt aber weniger plump als das Haustier. Das Gefieder ist größtenteils bräunlich-grau. Schnabel und Füße sind stets einfarbig rosa bis orange.

Verhalten: Gänse sind wachsam, lernfähig und sozial. Als Gruppentiere sind Graugänse sehr ruffreudig; besonders im Flug kakeln und trompeten sie viel.

Vorkommen: Graugänse kommen als Brutvögel inselartig von Mitteleuropa an ost- und nordwärts vor. Neuerdings wurden sie an vielen Stellen ausgesetzt, wo sie früher nicht Brutvogel waren, etwa im Alpenvorland.

Nahrung: Gänse sind echte Weidetiere, die man bei der Nahrungssuche häufiger auf Äckern und Wiesen antrifft als im Wasser. Wasserflächen werden aber regelmäßig zum Rasten und Putzen aufgesucht.

Fütterung: Wie beim Schwan eignen sich Mais, Weizen, Hafer und andere Getreide im ganzen Korn als nährstoffreiche Nahrung. Auch trockene Brotreste werden in etwas angeweichtem Zustand gern gefressen. Grüne Pflanzen sollten aber stets den Hauptteil der Nahrung ausmachen.

Am Wasser:

Kanadagans *Branta canadensis*
Nilgans *Alopochen aegyptiaca*

Aussehen: Beide Arten sind leicht zu erkennen. Die etwa hausgansgroße Kanadagans fällt durch den schwarzen Kopf und Hals mit dem charakteristischen weißen Wangenfleck auf. Nur die Weißwangen- oder Nonnengans ist ähnlich, aber viel kleiner und seltener (Wintergast im Norden). Die kleinere Nilgans wirkt dagegen eher bunt. Markant sind der graubraune Kopf mit charakteristischem dunklem Augenfleck, der dunkelbräunliche Rücken sowie der weiße Vorderflügel.

Verhalten: Da es sich bei den europäischen Kanada- und Nilgänsen um ausgesetzte oder verwilderte Tiere handelt, sind sie überwiegend zutraulich. Sie dringen in die Städte auf Parkteiche vor, und Nilgänse wurden wegen hygienischer Bedenken schon abgeschossen. Kanadagänse lassen im Flug ein trompetendes »ah-honk« hören, Nilgänse verschiedene Laute, etwa ein durchdringendes »honk-hää-hää«.

Vorkommen: Beide Arten gelten inzwischen als in Mitteleuropa eingebürgerte Brutvögel. Während die Kanadagans aus Nordamerika stammt, ist die Nilgans in Afrika beheimatet und insbesondere südlich der Sahara der häufigste Entenvogel. Beide Arten wurden im 18. Jahrhundert in Großbritannien eingebürgert und sind seither in Europa auf dem Vormarsch. Seit den 1980er-Jahren breiten sich beide Arten Richtung Süden aus und haben inzwischen Österreich und die Schweiz erreicht.

Nahrung: Ähnlich wie Graugänse bevorzugen Kanadagänse Landpflanzen, sodass man sie häufig beim Weiden auf Wiesen und Äckern antrifft. Nilgänse fressen neben Gräsern auch Samen, Kartoffeln und Kleintiere.

Fütterung: Wie bei der Graugans. Man sollte aber unbedingt das in der Einführung (Seite 16/17) Gesagte beachten.

Am Wasser:

GRAUGANS

KANADAGANS

NILGANS

Stockente *Anas platyrhynchos*

Aussehen: Die Stammform unserer Hausenten ist im männlichen Prachtkleid eine sehr schmucke Ente. Wie bei allen Enten ist der Unterschied zwischen schlicht gefärbten Weibchen und bunt herausgeputzten, mit anderen Enten nicht zu verwechselnden Männchen groß. Schwierig ist die Unterscheidung, wenn die Männchen zwischen Mai und September ihr weibchenfarbiges Schlichtkleid tragen.

Verhalten: Stockenten gewöhnen sich rasch an den Menschen, besonders wo sie gefüttert und nicht beschossen werden. Das hat sie zu einem echten Kulturfolger werden lassen, sodass man sie selbst in Großstädten brüten findet. Auf Parkteichen kann man im Spätherbst und Winter häufig ihr Balzverhalten beobachten, zu dem ritualisierte Schüttel- und Auf-Ab-Bewegungen gehören. Als Gründelenten stecken Stockenten bei der Nahrungsaufnahme nur den Vorderkörper ins Wasser.

Vorkommen: Da sie ihre Nahrung auch zu Lande suchen, sind sie weniger vom Wasser abhängig und nehmen mit kleinsten Pfützen und engen Gräben vorlieb.

Nahrung: Einen großen Teil des Jahres überwiegt pflanzliche Kost, die teils im oder am Wasser, teils auf fernab gelegenen Wiesen und Feldern gesucht wird. Im Frühsommer überwiegt die tierische Nahrung, die beim Durchseihen des Bodenschlamms seichter Gewässer anfällt.

Fütterung: Alle Getreidearten im ganzen Korn sind für Stockenten ein gefundenes Fressen. Am liebsten nehmen sie die Körner von Mais und Weizen vom Gewässergrund auf.

Am Wasser:

Reiherente *Aythya fuligula*

Aussehen: Selbst auf die Entfernung sind diese schwarz-weißen Enten (im männlichen Prachtkleid) leicht zu erkennen und kaum zu verwechseln – allenfalls mit der im Binnenland seltenen Bergente. Ihren Namen hat die Reiherente von dem Schopf, der an den Kopfschmuck von Reihern erinnert.

Verhalten: Im Gegensatz zur gründelnden Stockente gehört die Reiherente zu den Tauchenten, die ihre Nahrung tauchend vom Gewässergrund heraufholen.

Vorkommen: Die Art hat sich in den letzten Jahrzehnten stark vermehrt und ihr Brutgebiet nach Westen ausgeweitet. Im Winter ist sie auf vielen Gewässern die häufigste Entenart.

Nahrung: Im Gegensatz zur mehr vegetarischen Stockente bevorzugen Reiherenten mehr tierische Nahrung, z. B. die kleinen Wandermuscheln, die sich ebenfalls in Europa stark ausgebreitet und vermehrt haben.

Fütterung: Entsprechend ihren mehr fleischlichen Nahrungsbedürfnissen sind Reiherenten keine ausgesprochenen Besucher von Fütterungsstellen. Immerhin nehmen sie auch gerne Getreide vom Gewässerboden auf und werden oft kaum weniger zutraulich als Stockenten oder Blesshühner.

Am Wasser:

STOCKENTE, LINKS MÄNNCHEN, RECHTS WEIBCHEN

REIHERENTE, LINKS MÄNNCHEN, RECHTS WEIBCHEN

Blesshuhn *Fulica atra*

Aussehen: Sie werden oft für Enten gehalten. Schon ein Blick auf Füße und Schnabel lehrt jedoch, dass sie weder mit den Enten noch mit den Hühnern verwandt sind. Die korrekte Bezeichnung wäre Blessralle, womit die nahe Verwandtschaft etwa zur Wasserralle deutlich wird. Typisch sind Schwimmlappen an den Zehen, die sich deutlich von den Schwimmhäuten der Enten unterscheiden.

Verhalten: Blesshühner gelten als streitsüchtig. Das gilt aber nur für die Brutzeit, wenn die Paare ihre Reviere gegen Rivalen verteidigen. Im übrigen Jahr sind sie recht verträglich und halten in großen Schwärmen zusammen. Sie sind gute Taucher und holen unermüdlich Wasserpflanzen und kleine Muscheln vom Gewässergrund herauf. Gerne gehen die Tiere auch truppweise zum Grasen auf Wiesen und Äcker mit junger Saat. Die lauten Rufe der ruffreudigen Vögel sind meist einsilbig: »köck« oder explosiv und sehr hoch »pix«.

Vorkommen: Besiedelt werden große und kleinste Gewässer. Die geringe Scheu vor dem Menschen führt dazu, dass Blesshühner ihre Nester selbst auf Stegen und Booten bauen. Wo an Seeufern gefüttert wird, sind die schwarzen Rallen immer vornedran.

Nahrung: Wasserpflanzen und kleine Wasser(boden)tiere der verschiedensten Art sind die Hauptnahrung, im Winterhalbjahr werden auch kurzrasige Landflächen beäst.

Fütterung: Trockenes Brot in kleinen Stücken, Getreidekörner und Salat sind Leckerbissen für Blesshühner, die dafür jede Scheu verlieren und dem Fütternden bis vor die Füße laufen.

Am Wasser:

Teichhuhn *Gallinula chloropus*

Aussehen: Das mit dem Blesshuhn nah verwandte Teichhuhn ist etwas zierlicher, trägt etwas Weiß an den Flanken und unterm Schwanz und hat einen gelben Schnabel mit rotem Stirnschild. Die grünlichen Füße tragen keine Schwimmlappen. Teichhühner kommen nie in so großen Scharen vor wie Blesshühner.

Verhalten: Teichhühner wirken viel zurückhaltender, schüchterner als die »frechen« Blesshühner. Sie leben auch versteckter und sind seltener auf offenen Wasserflächen zu sehen, gewöhnen sich auf Parkteichen und an Futterstellen aber rasch an den Menschen. Die Rufe sind vielfältiger als die des Blesshuhns und teilweise mehrsilbig oder lang gereiht.

Vorkommen: Ein typisches »Sumpfhuhn«, das mehr in der Ufervegetation als auf dem Wasser lebt. Selbst kleinste Gewässer wie Gräben und Tümpel werden besiedelt.

Nahrung: Kleintiere, Sämereien und Pflanzensprossen gehören zur vielfältigen Nahrung des Teichhuhns.

Fütterung: Kleine Brotbrocken, Getreidekörner und frischer Salat sind im Winter eine begehrte Zusatznahrung.

Am Wasser:

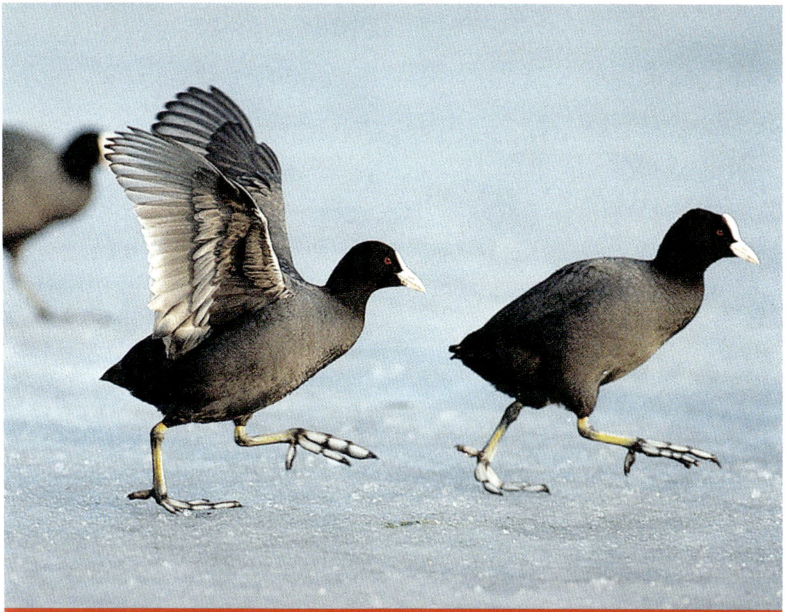

BLESSHUHN

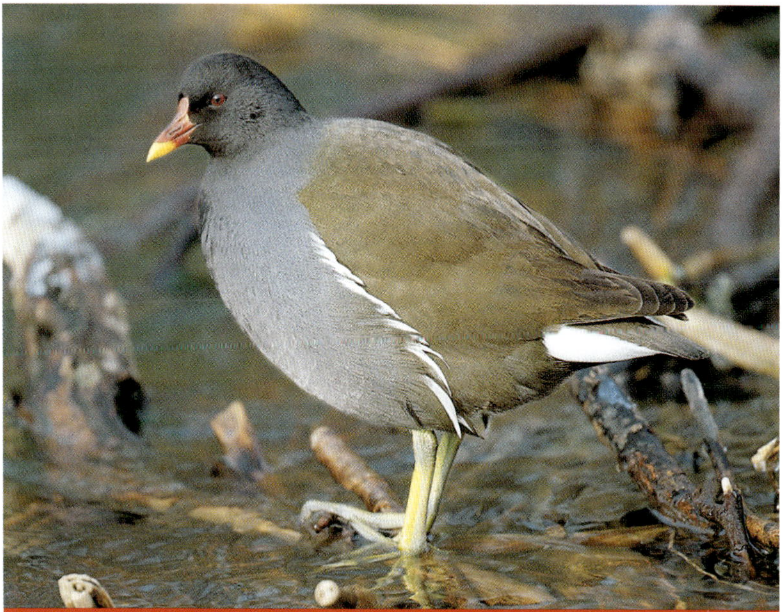

TEICHHUHN

Lachmöwe *Larus ridibundus*

Aussehen: Möwenarten sind oft schwer zu unterscheiden. Die Lachmöwe ist nicht die einzige schwarzköpfige kleinere Möwe; man kann sie etwa mit <u>Zwergmöwe</u> und <u>Schwarzkopfmöwe</u> verwechseln, die allerdings viel seltener sind als die häufige Lachmöwe. Im Herbst und Winter fehlt Lachmöwen das Schwarz am Kopf, was zu Verwechslungen mit der etwas größeren und an der Küste häufigen <u>Sturmmöwe</u> führen kann.

Verhalten: Sehr lebhafte und gesellige Vögel, die einem mit ihrem Geschrei auf die Nerven gehen können, damit aber ihre Brutkolonien wirksam vor Feinden schützen, was sich auch brütende Taucher und Enten zunutze machen.

Vorkommen: Häufiger Brutvogel, der in teilweise großen Kolonien meist im Schilf naher Gewässer brütet. Bestände in den letzten Jahrzehnten allerdings rückläufig.

Nahrung: Diese Allesfresser suchen ihre Nahrung überall, auf Gewässern, auf Äckern und Wiesen, auf Müllkippen und sogar in der Luft. Tierische Nahrung überwiegt, besonders im Sommerhalbjahr.

Fütterung: Es macht Kindern viel Spaß, den fluggewandten Möwen von einem Steg oder Dampfer aus Brotbrocken zuzuwerfen. Eine eigentliche Winterfütterung ist bei diesen vielseitigen und wanderfähigen Tieren nicht erforderlich.

Am Wasser:

Sperber *Accipiter nisus*

Aussehen: Das Weibchen ist mindestens so groß wie ein Turmfalke und trägt in allen Kleidern auf weißer Unterseite eine dunkelbraune Querbänderung; die Oberseite ist nahezu einfarbig bräunlichgrau. Das deutlich kleinere Männchen ist oberseits blaugrau und unterseits roströtlich bis rotbraun gebändert. Im Flug sind der lange Schwanz und die rundlichen Flügel auffallend, was zu Verwechslungen mit dem <u>Kuckuck</u> und dem größeren <u>Habicht</u> führen kann.

Verhalten: Sperber jagen entweder vom Ansitz aus oder im Überraschungsflug, wobei sie sehr wendig durchs Geäst flitzen. Im Winter suchen sie gerne Futterstellen heim. Die schnellen Verfolgungsjagden enden nicht selten mit tödlichem Aufprall von Verfolger und/oder Verfolgtem an Fensterscheiben.

Vorkommen: Reich strukturierte, halboffene Landschaften mit genügend Kleinvögeln. Im Winter auch an Bauernhöfen und Ortsrändern und sogar mitten in Ortschaften.

Nahrung: Fast ausschließlich Kleinvögel bis zur Größe von Drosseln. Besonders leicht fallen ihm eben ausgeflogene Jungvögel zum Opfer. Der beste Schutz der Vögel am Futterhaus vor Übergriffen des Sperbers sind ausreichend dichte Verstecke nahe dem Futterplatz. Sollten Schnitthecken, niedrige, dichte Büsche und Immergrüne nicht ausreichend vorhanden sein, kann man auch mit einem Haufen alter Äste eine Zuflucht anbieten.

LACHMÖWE, WINTERKLEID

SPERBER, WEIBCHEN

Türkentaube *Streptopelia decaocto*

Aussehen: Türkentauben haben Ähnlichkeit mit den in wärmeren Landesteilen vorkommenden, aber viel selteneren und kaum in Ortschaften lebenden <u>Turteltauben</u>. Von ihnen unterscheiden sie sich durch insgesamt hellere Färbung, einheitlich sandfarbene (nicht dunkel geschuppte) Oberseite und vor allem durch ihr schmales, aber auffälliges schwarzes Nackenband. Auch die Stimme ist ein gutes Unterscheidungsmerkmal – die Turteltaube schnurrt weich und ohne deutlichen Rhythmus wie ein gut geschmierter Motor. Beide Tauben sind deutlich kleiner und bräunlicher als die drei anderen, grauen Arten: <u>Ringeltaube</u>, <u>Hohltaube</u> und wildfarbene <u>Straßentaube</u>.

Verhalten: Wenn sie mit langem Schwanz und ruckartig geschlagenen Flügeln dahinsausen, könnte man sie für einen Kuckuck oder kleinen Greif halten. Gerne sitzen sie paarweise, im Winter auch in Gruppen auf Leitungsdrähten, Straßenlampen, auf Hausdächern, Antennen und in Bäumen. Sie wagen sich nah an Menschen heran, sind aber stets wachsam und fluchtbereit. Am auffälligsten ist ihr dreisilbiges Lied: »ruk-ruuk-ruk«, das sie (besonders in aller Herrgottsfrühe) so oft wiederholen, dass manche Menschen Mordgelüste entwickeln. Außerdem hört man ein empörtes, raues »chrräi«.

Vorkommen: Bei uns fast ausschließlich ein Bewohner gartenreicher Siedlungen und Ortsränder.

Nahrung: Sämereien aller Art, gerne auch von Getreidefeldern und Hühnerhöfen, teilweise auch Beeren und Pflanzensprosse.

Fütterung: Im Winter kommen die zierlichen Tauben gern auf den Balkon oder die Terrasse, wenn man ihnen Haferflocken, geschrotetes Getreide, gehackte Erdnüsse, Hanf und andere Sämereien hinstreut.

Im Futterhaus, am Boden:

Straßentaube *Columba livia domestica*

Aussehen: Die von der <u>Felsentaube</u> abstammende Haus- oder Straßentaube kommt in vielerlei Züchtungsformen vor. Die wildfarbene Form ist im Wesentlichen grau, trägt grünlich-weinroten Glanz am Hals und zwei markante schwarze Flügelbinden. Sie ist mit der Hohltaube leicht zu verwechseln.

Verhalten: Die in vielen Städten zum Problem gewordene Taube hält sich gern an Gebäuden auf und kommt in Scharen zu Fütterungen. Ihr Balzgesang ist ein gurrendes »gu-ru-gu«.

Vorkommen: Da sie mehr steinige Umgebungen schätzen, kommen sie seltener in Gärten als die Türkentauben.

Nahrung: Körner und Speiseabfälle.

Fütterung: Beim Füttern von Straßentauben sollte man Zurückhaltung üben, da sie vielerorts überhand nehmen, und der Kot der Tiere historischen Gebäuden nicht gut bekommt und zum Hygieneproblem werden kann.

Im Futterhaus, am Boden:

TÜRKENTAUBE

STRASSENTAUBE

Buntspecht *Dendrocopus major*

Aussehen: Den auffallend schwarz-weiß-rot gezeichneten »Zimmerer des Waldes« kann man allenfalls mit einigen viel selteneren Spechten verwechseln, mit dem wesentlich kleineren <u>Kleinspecht,</u> mit dem ganz anders rufenden <u>Mittelspecht</u> und mit dem auf urige Altholzwälder beschränkten, sehr seltenen <u>Weißrückenspecht.</u> Während beide Geschlechter im Afterbereich leuchtend karminrot gefärbt sind, trägt nur das Männchen auch einen roten Nackenfleck; bei Jungvögeln erstreckt sich das Rot über den gesamten Scheitel. – In ländlichen Gegenden können sich auch einmal <u>Grün-</u> oder <u>Grauspecht</u> ans Futterhaus verirren, zwei Spechte, die bevorzugt Jagd auf Ameisen und deren Larven machen und daher oft am Boden sind. Sie sehen sich recht ähnlich, abgesehen davon, dass der Grünspecht wesentlich mehr Rot am Kopf trägt.

Verhalten: Obwohl er nicht sehr scheu ist, versteckt sich der Buntspecht vor dem Beobachter doch gern hinter Stämmen und Ästen. Man wird aber bald auf ihn aufmerksam, wenn man seinen charakteristischen Ruf, ein scharfes »kick« kennt. Im frühen Frühjahr hört man oft sein Trommeln, das er mit dem Schnabel auf hohlen Baumstellen (manchmal auch auf Blech oder anderem schallenden Material) erzeugt. Die Jungen lassen aus der Bruthöhle ein schwirrendes Betteln hören.

Vorkommen: Laub- und Mischwälder mit möglichst vielen toten Ästen und Stämmen sind sein bevorzugter Lebensraum. Als unser anpassungsfähigster Specht weiß er aber auch Nadelwälder und Gärten, Feldgehölze und Alleen zu nutzen.

Nahrung: Mehr als andere Spechte machen Buntspechte auch vom pflanzlichen Nahrungsangebot Gebrauch. Neben Insekten und ihren Larven, die sie im morschen Holz aufstöbern, von Zweigen absammeln oder auch am Boden aufpicken, wissen sie – vor allem im Herbst und Winter – auch Samen, Nüsse und Beeren zu schätzen.

Fütterung: Morsche Bäume und Äste sind für alle Spechte das A und O. Darin finden sie ihre Nahrung und darin können sie ihre Höhlen bauen. Mit Nistkästen kann man diesem Fachmann des Höhlenbaus in der Regel nicht imponieren, obwohl er gerne daran herumhämmert und leider auch manchmal die Jungen anderer Höhlenbrüter herauszieht und verspeist. Im Winter kommt der Buntspecht gern ans Futterhaus, holt sich Sonnenblumenkerne oder hängt sich an aufgehängte Speckseiten oder Meisenknödel.

Im Futterhaus, an Stämmen und Ästen:

BUNTSPECHT, MÄNNCHEN

Bachstelze *Motacilla alba*

Aussehen: Diese lebhaften, schwarz-weißen Vögelchen mit dem langen, stets wippenden Schwanz, sind sicher allseits bekannt. Verwechseln kann man sie allenfalls mit den beiden anderen bei uns brütenden Stelzen, der Gebirgs- und der Schafstelze; die sind aber beide in allen Kleidern unterseits mehr oder weniger gelb. Im Winter reduziert sich das kräftige Schwarz der Bachstelzen-Männchen an Kopf, Nacken, Kehle und Brust in Ausdehnung und Intensität. Auch Weibchen und Jungvögel sind weniger markant gefärbt. Immer ist aber ein schwarzes Brustband charakteristisch.

Verhalten: Als reine Insektenfresser ziehen die meisten Bachstelzen in wärmere Gegenden, wenn es friert und schneit. An Gewässerufern finden einzelne aber auch dann noch ihr Auskommen, wenn diese vereist sind. Man glaubt gar nicht, was selbst im Winter noch an Insektenleben herrscht – wenigstens in und an Gewässern. Der Ruf der Bachstelze ist ein ein- bis zweisilbiges »zip, zilip«; der Gesang des Männchens ein wenig strukturiertes Gezwitscher in der Tonlage des Rufes.

Vorkommen: Die eigentliche »Bach«-stelze ist die Gebirgsstelze, die ausschließlich an Bächen brütet. Die schwarz-weiße Bachstelze hingegen weiß zwar auch Gewässerufer zu schätzen, brütet aber überall, auch fernab jeden Gewässers, etwa in Feldscheunen und Schuppen, unter Dächern, in Holzstößen und Reisighaufen, in Mauerlücken und Böschungen. Steinstelze wäre die bessere Bezeichnung, da sie vor allem an Gebäuden, Brücken und steinigen Ufern zu finden ist. Ihre Nahrung sucht sie auf Dächern ebenso wie auf kurzen Rasen, auf Äckern ebenso wie an Ufern. In den Garten kommt sie am liebsten kurz nach dem Rasenmähen.

Nahrung: Kleine Mücken und Fliegen sowie andere Insekten frisst sie gerne, außerdem Springschwänze, Flohkrebse und kleine Fischchen. Zumindest im Winter pickt sie aber auch kleine Sämereien und Brösel von Erdnusskernen auf.

Fütterung: Früh an den Brutplatz zurückkehrende Männchen (die vorsichtigeren Weibchen kommen meist später) nehmen gerne Weichfresserfutter, vor allem wenn man es ihnen offen auf die Terrasse oder in den Rasen streut. Mehlwürmer sind besonders geschätzt, müssen aber (auch wenn es schwer fällt) in Stücke geschnitten werden.

Im Futterhaus, am Boden:

BACHSTELZE, MÄNNCHEN IM BRUTKLEID

BACHSTELZE, WINTERLICHES JUGENDKLEID

Seidenschwanz *Bombycilla garrulus*

Aussehen: Wie vom Designer entworfen wirkt dieser schmucke Vogel. Schon die Kopfzeichnung lässt viel Geschmack erkennen, mit der elegant geschwungenen schwarzen Augenmaske, dem sauber begrenzten schwarzen Latz und der schwungvollen, federleichten Spitzhaube. Doch auch der fast einfarbige Rumpf weist wundervolle, zarte Farbnuancen auf, die durch weiße Flügelbinden und kastanienbraune Unterschwanzdecken akzentuiert werden. Verrückt und in unserer Vogelwelt einmalig ist schließlich der »Schmuck«, den sich dieser Vogel leistet: knallrote Wachsspitzen im Kontrast zu ebenso knallgelben Federn im Flügel und am Schwanzende.

Verhalten: Wenn ein Trupp Seidenschwänze über den Schnee dahinfliegt und im Geäst eines Beerenstrauches landet, kann man ihn leicht für einen jahreszeitlich etwas verfehlten Starenschwarm halten. Wenn man aber den silberhellen, sirrenden Ruf hört, ist man schnell eines Besseren belehrt, zumal das helle Klingeln auch im Flug zu hören ist, wenn Stare meist den Schnabel halten. Seidenschwänze sind wenig scheu.

Vorkommen: Diese schönen Vögel leben in den Nadelwäldern Nordosteuropas. Je nach Futterangebot und Härte des Winters (wohl auch nach Bruterfolg) begeben sie sich im Winter auf südlichen Kurs und erscheinen bei uns entsprechend unregelmäßig und in sehr schwankenden Zahlen. Gewöhnlich suchen sie Heckenlandschaften auf, streifen aber völlig ungeniert auch durch Gärten und Ortschaften.

Nahrung: Beeren jeglicher Art sind ihre bevorzugte Nahrung. In ihrer südlichen Heimat sind es vor allem am Waldboden wachsende Beeren, bei uns die Früchte von Schneeball, Liguster, Vogelbeerbaum und Mistel. Die weißen glasigen Beeren der Mistel scheinen es ihnen besonders angetan zu haben, deren Inhalt so klebrig ist, dass er die Verdauung übersteht, und man manchmal die Vögel mit langen Schleimfäden an ihrem hübschen Hintern sieht.

Fütterung: Wer in seinem Garten beerentragende Hecken und Bäume hat, braucht sich um die Winternahrung der Seidenschwänze keine Sorgen zu machen. Es kann aber in keinem Fall schaden, zu den entsprechenden Jahreszeiten all die verschiedenen Wildbeeren – von Hagebutten bis Heidelbeeren – und dazu übrig gebliebene Johannisbeeren zu dörren und im Winter all jenen Vögeln anzubieten, die von den trockenen Körnern allein nicht leben können.

Im Futterhaus, in Sträuchern und Bäumen:

SEIDENSCHWANZ

Zaunkönig *Troglodytes troglodytes*

Aussehen: Ausnahmsweise sind bei den Zaunkönigen die Männchen genauso schlichtbraun gefärbt wie die Weibchen.

Verhalten: Zaunkönige sind sehr lebhafte Vögel, ständig in Bewegung, mit charakteristischem Schwanzstelzen. Selten bleibt einer lange an einem Fleck, nicht einmal um sein metallisches Schimpfen oder seine laut schmetternde Strophe mit dem typischen Triller hören zu lassen. Zaunkönige sind Teilzieher, halten bei uns aber meist aus und übernachten in kalten Winternächten oft zu mehreren in einer Baumhöhle oder einem Nistkasten.

Vorkommen: Unterholz- und krautreiche Laub- und Mischwälder. Ufergebüsche von Bächen und Flüssen, Parks und Gärten mit bodennaher Deckung sind die bevorzugten Lebensräume. Besonders schätzt er feuchte Böschungen und die Wurzelteller umgestürzter Bäume.

Nahrung: Seine Nahrung sucht er meist am Boden oder im niedrigen Gestrüpp. Sie besteht aus kleinen Bodentieren, Spinnen, Insekten und deren Larven. Im Winter stehen auch kleine Sämereien auf der Speisekarte.

Fütterung: Überwinternden Zaunkönigen kann man schon mit dichtem Gebüsch, unter dem schneefreien Stellen sind, das Leben sehr erleichtern. Dort oder im Futterhaus nehmen sie auch gerne Weichfresserfutter an: geschabtes Trockenfleisch, gehackte Dörrbeeren, feine Sämereien, zarte Haferflocken und als besondere Leckerei lebende Mehlwürmer.

Im Futterhaus, am Boden:

Heckenbraunelle *Prunella modularis*

Aussehen: Farblich ähneln Heckenbraunellen durchaus <u>Spatzen</u>: unten grau, oben braun mit Schwarz. Ein Blick auf den zierlich-spitzen Schnabel verrät aber, dass es sich bei diesen unscheinbaren Vögeln um Insektenfresser handelt.

Verhalten: Dem zaunkönigähnlichen Gesang fehlen Temperament und der typische Triller, er plätschert so dahin.

Vorkommen: Wälder mit dichtem Unterholz sind ihnen am liebsten. Nur in Gegenden, wo es wenige Wälder gibt, besiedeln sie auch Hecken, Feldgehölze, Parks und Gärten.

Nahrung: Heckenbraunellen gehören zu den anpassungsfähigeren Insektenfressern, die spät wegziehen (teilweise auch gar nicht) und früh im März zurückkehren und zur Not auch auf vegetarische Kost zurückgreifen. Hauptsächlich ernähren sie sich aber von Kleininsekten, die sie im dichten Geäst oder am Boden suchen.

Fütterung: Wie Amseln und andere Waldbewohner haben auch Heckenbraunellen die Vorzüge der Gärten entdeckt. Vom Kälteeinbruch überraschten Frühheimkehrern kann man mit Weichfresserfutter, Haferflocken und kleinen Sämereien beistehen, besonders wenn man das Futter an schneefreien Stellen unter Gebüsch streut, wo die Vögel volle Deckung haben.

Im Futterhaus, am Boden:

ZAUNKÖNIG

HECKENBRAUNELLE

Rotkehlchen *Erithacus rubecula*

Aussehen: Rotkehlchen, möchte man meinen, sind allgemein bekannt und kaum zu verwechseln. Es soll aber schon vorgekommen sein, dass die Männchen von Buchfink oder Gartenrotschwanz für Rotkehlchen gehalten wurden, nur weil sie halt auch eine rote Brust haben. Das zeigt, wie wichtig es ist, genauer hinzuschauen und dabei auch auf Gestalt, Verhalten und Lebensraum zu achten. Im Übrigen sehen Männchen und Weibchen gleich aus, wogegen die Jungvögel ein schuppig hellbraunes Federkleid tragen.

Verhalten: Merkwürdigerweise ist der Gesang dieses populären Vogels nur wenigen Menschen bekannt, dieses liebliche, stotternd-perlende Lied, das man sogar an lauen Winternachmittagen hören kann. Was die meisten Menschen beim Anblick eines Rotkehlchens in Entzücken versetzt, sind nicht nur die großen schwarzen Augen des Dämmerungsvogels. Auch die rundliche Gestalt, die aufrechte Haltung, die ruhige und doch muntere Wesensart und vor allem ihre Zutraulichkeit machen Rotkehlchen so beliebt.

Vorkommen: Unterholzreiche Wälder und Waldränder, Feldgehölze, Hecken Gärten und Parks sind die Lebensräume des Rotkehlchens. Der Boden sollte möglichst feucht und humusreich sein, weswegen Wassernähe bevorzugt wird.

Nahrung: Kleinere Insekten und deren Larven (die Jungen werden hauptsächlich mit Raupen gefüttert), Bodentiere wie Asseln, Tausendfüßer und kleine Würmer. Im Winter auch vegetarische Nahrung.

Fütterung: Die beste Fütterung ist die indirekte, nämlich die Schaffung natürlicher Lebensbedingungen, in denen die Vögel das finden, was ihnen am meisten gemäß ist. Rotkehlchen suchen am liebsten im alten Laub unter Gebüsch nach den dort reichlich vorkommenden Spinnen, Milben, Insekten und deren Larven, Würmern, Tausendfüßlern und anderem. Also sorgen Sie für dichtes Gebüsch in Ihrem Garten und lassen Sie im Herbst zumindest unter Hecken, Gebüsch und Bäumen alles Laub liegen. Bieten Sie außerdem mit Reisighaufen, Natursteinmauern und Holzstößen Zwischenräume als Verstecke und sorgen Sie dafür, dass nicht Katzen alle Ihre Anstrengungen zunichte machen. Erst an letzter Stelle käme dann die eigentliche Fütterung mit geschabtem Trockenfleisch, klein gehackten Dörrbeeren, feinen Sämereien, zarten Haferflocken und lebenden Mehlwürmern.

Im Futterhaus, am Boden:

ROTKEHLCHEN

Hausrotschwanz *Phoenicurus ochruros*

Aussehen: »Rotschwänzchen« kennt fast jeder; dass es bei uns zwei sehr verschiedene Rotschwanz-Arten gibt, ist jedoch nicht allgemein bekannt: Haus- und Gartenrotschwanz. Dabei sehen sich zumindest die Männchen der beiden Arten gar nicht ähnlich: Der Hausrotschwanz ist bis auf den rostroten Schwanz ganz schwarz und dunkelgrau, ältere Männchen haben ein weißes Flügelfeld. Die Männchen vom Gartenrotschwanz sind hingegen nur im Gesicht und am Hals schwarz, oberseits grau und weiß an der Stirn; Brust und Bauch dagegen sind bei ihnen leuchtend orangerot (siehe Rotkehlchen). Schwieriger ist die Unterscheidung der Weibchen und Jungvögel; allgemeine Tendenz: dunkler und grauer sind die Hausrotschwänze, heller und rötlicher die viel selteneren Verwandten.

Verhalten: Der recht häufige und weit verbreitete Hausrotschwanz gehört zu den Teilziehern, die spät wegziehen und früh zurückkehren oder gleich hierbleiben. Der Gesang des Männchens (vom Dachfirst im ersten Morgengrauen) klingt gepresst und knirschend. Der selten gewordene Gartenrotschwanz kehrt erst 4-6 Wochen nach den Hausrotschwänzen aus dem Süden zurück und muss sich dann eine natürliche Bruthöhle oder einen Nistkasten suchen – sofern sie nicht schon von Meisen, Kleibern oder Trauerschnäppern besetzt sind. Sein Gesang ist so lieblich, dass er in vielen Filmen als Stimmungsmacher verwendet wird (leider auch in amerikanischen, wo es die Art gar nicht gibt).

Vorkommen: Hausrotschwänze besiedeln alle Landschaften, in denen Gebäude oder Felsen

Vorkommen: von Hochhäusern bis zu Feldscheunen, von den Küsten bis ins hohe Gebirge. Der Gartenrotschwanz ist viel anspruchsvoller, er liebt alte, nicht zu aufgeräumte Gärten mit hohen Bäumen, Friedhöfe und Parks mit Unterholz und Freiflächen.

Nahrung: Beide Rotschwanz-Arten sind Insektenfresser, wobei der Hausrotschwanz seine Beute aber mehr im steinigen Umfeld (auch auf Dächern und an Hausmauern) sucht, während der Gartenrotschwanz bevorzugt im Geäst alter Bäume auf die Jagd geht.

Fütterung: Früh heimkehrenden Hausrotschwänzen, die bei Kälte und Schnee in Not geraten können, sollte man mit Weichfresserfutter helfen, das man am besten dort ausstreut, wo die Vögel auch sonst nach Nahrung suchen, also im »steinigen Umfeld«, auf Terrassen, Balkonen, wo möglich auf Dächern.

Im Futterhaus, auf Terrasse und Balkon:

HAUSROTSCHWANZ, MÄNNCHEN

HAUSROTSCHWANZ, WEIBCHEN

Amsel *Turdus merula*

Aussehen: Wer kennt sie nicht, die schwarze Amsel (manchmal auch Schwarzdrossel genannt) mit dem gelben Schnabel! Doch Vorsicht, Weibchen und Jungvögel sind dunkelbraun und haben weder Gelb am Schnabel noch Orange am Auge. Außerdem kommt es immer wieder einmal vor, dass ein partiell weiß gefärbter sogenannter Teilalbino durch den Garten hüpft.

Verhalten: Der Gesang der Amsel gehört zu den wohltönendsten, abwechslungsreichsten Gesängen unserer Breiten. Freilich fällt auch bei ihnen kein Meistersinger vom Himmel. Junge Männchen tragen oft noch recht stereotype kurze Strophen vor. Aber lauschen Sie einmal aufmerksam einem versierten Sänger! Ein Gesang nach allen Regeln der Kunst, mal innig, mal fortissimo, mit Kunstpausen und Crescendi, mit eingeflochtenen Imitationen und träumerischen Schnörkeln. Dass die schwarzen Burschen außerdem ein bisschen streitsüchtig sind und abends oft in ein hysterisches Gezeter ausbrechen, kann man ihnen deshalb wohl verzeihen.

Vorkommen: Amseln sind eigentlich Waldvögel. Dass sie auch die Dörfer und Städte mit ihren Gärten und Grünanlagen zu ihrem Lebensraum erkoren haben, ist noch gar nicht so lange her. Inzwischen brüten sie hier längst nicht mehr nur auf Bäumen, sondern an Gebäuden, auf Straßenlampen und an anderen erstaunlichen Plätzen.

Nahrung: Wie alle Drosseln sind auch die Amseln auf die Nahrungssuche am Boden spezialisiert. Am liebsten suchen sie in kurzer Vegetation oder unter Falllaub nach Regenwürmern und anderem Getier. Wenn im Sommer und Herbst die Beeren reifen, machen sie davon reichlich Gebrauch. Besonders die kleinen Früchte der Felsenbirne und ab Juli die roten Beeren der Vogelbeere schmecken ihnen. Zum Leidwesen vieler Gärtner teilen sie aber auch unseren Geschmack, was Kirschen, Johannisbeeren und weiches Kernobst anlangt. Im Winter sind alle Drosseln ganz wild auf frostweiche Äpfel und Birnen.

Fütterung: Amseln sind Lebenskünstler, die sich die Weltherrschaft des Menschen zunutze zu machen wissen; man muss sie nicht besonders fördern. Aber naturnahe Gärten mit alten Laubbäumen und Gebüschen, unter denen das Falllaub verrotten darf, nützen uns und den Amseln (und Singdrosseln). Und zarte, in Öl getauchte Haferflocken lassen sie noch zutraulicher werden. Am liebsten nehmen sie breit auf den Rasen und unter Büsche oder Bäume ausgestreutes Futter, wobei getrocknete Beeren besonders geschätzt werden.

Im Futterhaus, am Boden:

AMSEL, MÄNNCHEN

AMSEL, WEIBCHEN

Wacholderdrossel *Turdus pilaris*

Aussehen: Durch grauen Kopf, Nacken und Hinterrücken und den kastanienbraunen Sattel, der sich von den Flügeln über den Rücken zieht, unterscheidet sie sich deutlich von den dunklen Amseln und den hellbraunen Sing- und Misteldrosseln mit ebenfalls gefleckter Unterseite. Männchen und Weibchen sind nicht zu unterscheiden.

Verhalten: Im Winter treten sie meist in Schwärmen auf, die sich auf Feldern herumtreiben und gern Obstgärten besuchen, wo sie es auf Fallobst und hängen gebliebene Früchte abgesehen haben. Ihr Gesang ist, verglichen mit dem schönen Flöten anderer Drosseln, eher kümmerlich und kratzend; er wird meist im Flug vorgetragen.

Vorkommen: Halboffene Landschaften sind der bevorzugte Lebensraum, wobei Wiesen und Weiden als Nahrungsquellen ebenso wichtig sind wie Feldgehölze oder Waldränder als Niststandorte. Neuerdings besiedeln sie zunehmend Parks und Gärten.

Nahrung: Im Sommer sind Regenwürmer und andere Bodentiere die Hauptnahrung. Wenn ab Juni die ersten Beeren reifen, wird der vegetarische Anteil am Speiseplan immer wichtiger, der im Winter dann die Hauptnahrung bildet.

Fütterung: Mit halbverfaultem und frostmürbem Obst, getrockneten Beeren und gefetteten Haferflocken kann man Wacholderdrosseln (wie allen Drosseln) im Winter besonders in ländlichen Gärten viel Gutes tun.

Am Boden:

Singdrossel *Turdus philomelos*

Aussehen: Sie ist etwas kleiner als Amsel und Wacholderdrossel, ansonsten oberseits erdbraun und unterseits auf hellem Grund kräftig dunkel gefleckt.

Verhalten: Wie alle Drosseln suchen auch Singdrosseln ihre Nahrung bevorzugt am Boden – wenn nicht gerade Beerenzeit ist. Amselähnlich ist auch ihre Vorliebe für höchste Gesangswarten. Vom Wipfel einer Fichte lassen sie am liebsten ihren kräftigen und wohltönenden Gesang hören, der immer daran erkennbar ist, dass jedes aus 2-3 Tönen bestehende Motiv drei- bis fünfmal wiederholt wird.

Vorkommen: Sie ist ein Vogel der Laub- und Nadelwälder. Zunehmend erobert sie sich aber auch Gärten und Parks. Im Winter verlassen die Singdrosseln Mitteleuropa, kehren aber oft schon im Februar zurück.

Nahrung: In der Streu des Waldbodens oder auf Wiesen stochern sie nach Würmern, Insekten(larven) und anderen Bodentieren. Zur Zeit der Beerenreife beteiligen sie sich wie andere Drosseln am vegetarischen Schmaus.

Fütterung: Vom Winter überraschten Singdrosseln kann man mit getrockneten Beeren, weichem Obst und käuflichem Weichfresserfutter oft das Leben retten. Man sollte das Futter auf größeren Rasenflächen breitwürfig ausbringen, auch wenn Schnee liegt.

Am Boden:

WACHOLDERDROSSEL

SINGDROSSEL

Mönchsgrasmücke *Sylvia atricapilla*

Aussehen: Wer einen grauen, schlanken Vogel mit schwarzer Kappe sieht, hat mit ziemlicher Sicherheit eine männliche Mönchsgrasmücke vor sich. Zu Verwechslungen könnten allenfalls <u>Sumpf-</u> oder <u>Weidenmeise</u> (S. 50) Anlass geben, die aber beide zusätzlich einen schwarzen Latz tragen und eben typische Meisen sind. Wer hingegen einen grauen Vogel mit brauner Kappe sieht, der hat es mit Gewissheit mit einer weiblichen Mönchsgrasmücke zu tun, denn diese Kombination gibt es in unserer Vogelwelt nur einmal. Bei den Grasmücken (von denen es vier häufigere Arten bei uns gibt) ist aber ganz allgemein nicht nur auf die Gefiederfärbung zu achten. Gerade die Unterschiede zu grauen Meisen liegen viel mehr in den Körperproportionen (Grasmücken sind länglich-schlank), im Verhalten (Grasmücken turnen nie so akrobatisch im Gezweig wie Meisen) und vor allem im Gesang (Grasmücken gehören zu unseren besten Sängern).

Verhalten: Obwohl Mönchsgrasmücken meist in Afrika überwintern, also zu den Langstreckenziehern gehören, kehren sie oft schon im März/April zurück. Die fröhlich jubelnde Strophe der Männchen, die später ein so dominierendes Element im Frühjahrs- und Frühsommerkonzert unserer Gärten darstellt, verrät ihre Ankunft.

Vorkommen: Die Mönchsgrasmücke zieht halbschattige Lagen sonnig-trockenen und Laubgehölze den Nadelgehölzen deutlich vor. Ansonsten ist sie zweifellos die vielseitigste der europäischen Grasmücken, weshalb sie ja auch zum typischen Gartenvogel wurde – während die einfarbig hellgraue <u>Gartengrasmücke</u> kaum in Gärten, ja gewöhnlich nicht einmal in Siedlungsnähe vorkommt.

Nahrung: Wie ihre Lebensraumansprüche so sind auch ihre Essgewohnheiten vielseitig. Zur Brutzeit herrschen Insekten und ihre Larven, Spinnen und kleine Bodentiere vor. Kaum reifen aber die ersten Beeren (etwa die der Felsenbirne) machen diese Früchte einen großen Teil des Speiseplans aus; sogar die Jungen werden damit gefüttert. Im Frühjahr gehören auch die eiweiß- und zuckerreichen »Innereien« von Blüten zum Speiseplan.

Fütterung: Wie bei den meisten Insektenfressern können wir den Grasmücken vor allem durch eine naturnahe Gartengestaltung und –pflege behilflich sein. Beerensträucher bieten Nahrung, Hecken, Gebüsche, Staudendickichte und Kletterpflanzen am Haus bieten Schutz. Von späten Wintereinbrüchen überraschten Frühheimkehrern können wir mit Weichfresserfutter helfen, kürzere Notzeiten zu überbrücken. Echte Dauergäste am Futterhaus sind Mönchsgrasmücken wohl nie.

Im Futterhaus, am Boden, im Gebüsch:

MÖNCHSGRASMÜCKE, WEIBCHEN

MÖNCHSGRASMÜCKE, MÄNNCHEN

Goldhähnchen *Regulus sp.*

Ausnahmsweise verzichten wir bei diesem winzigen Vögelchen auf eine genaue Artbezeichnung, da es zwei Zwillingsarten gibt, die schwierig zu unterscheiden sind: <u>Sommer</u>- und <u>Wintergoldhähnchen</u> (Regulus ignicapillus und R. regulus).

Aussehen: Dieser kleine europäische Vogel huscht mausgrau und oft unerkannt durchs Geäst hoher Nadelbäume. Auch seine Stimme ist so leise, hoch und wispernd, dass sie als Erkennungsmerkmal nicht sonderlich hilfreich ist. Den schön orangen (bei Männchen) oder gelben (bei Weibchen), schwarz eingefassten Scheitelstreif sieht man oft kaum, da die Vögel, je nach Gefiederhaltung, ihn ziemlich verstecken können. Das beste Unterscheidungsmerkmal zwischen den Zwillingsarten ist der schwarze Augen- und der weiße Überaugenstreif, der das Sommergoldhähnchen vom ungestreiften Wintergoldhähnchen unterscheidet. Im Winter braucht man weniger Angst vor Verwechslungen zu haben, da – wie die Namen sagen – das Sommergoldhähnchen meist in wärmere Gefilde abwandert, während das Wintergoldhähnchen bei uns ausharrt.

Verhalten: Goldhähnchen klettern am liebsten hoch in Fichtenwipfeln durchs Geäst und suchen jeden Zweig nach kleinen Insekten und Spinnen ab. Wenn das Futter dort knapp wird, lassen sie sich aber auch in tiefere Regionen herab, durchstreifen Gebüsche und kommen dabei auch in die Gärten. Wer ein gutes Gehör hat, kann das Wintergoldhähnchen an seinem häufig geäußerten, meist dreisilbigen »ssi-ssi-ssi« erkennen. Im Winter sind sie allerdings eher schweigsam.

Vorkommen: Ältere Fichtenwälder, wo an den Bäumen Flechten wachsen, werden von diesen Kletterkünstlern sehr bevorzugt. Bei uns bleiben Wintergoldhähnchen wohl das ganze Jahr über in ihrem düsteren Revier. Im Garten auftauchende Goldhähnchen sind meist Zuwanderer aus dem hohen Norden, die entweder bei uns oder in Südeuropa Winterferien machen, also oft nur auf dem Durchzug kurze Gastspiele geben.

Nahrung: Mit ihrem zarten Schnäbelchen können Goldhähnchen keine gröberen Körner zerbeißen oder aufhacken. Sie sind auch im Winter ganz überwiegend Insektenfresser, was zeigt, wie findig sie sind, vor Kälte starre Mücken, Spinnen und andere winzige Baumbewohner aufzustöbern. Ob sie zur Not auch feiner Sämereien fressen, ist umstritten.

Fütterung: Mit Weichfresserfutter, vor allem mit Fett, könnte man ihnen wohl sehr helfen, wenn man sie nur aus dem Geäst an die Futterstellen locken könnte. Vielleicht sollte man ihnen einen gesonderten Futterplatz unter einer alten Fichte anbieten. Oder man streicht Rindertalg an Stämme und Äste.

Im Futterhaus, im Geäst:

WINTERGOLDHÄHNCHEN, WEIBCHEN

Sumpfmeise *Parus palustris*

Aussehen: Sumpf- und <u>Weidenmeise</u> können leicht verwechselt werden. Beide sind ziemlich einfarbig grau-weiß und tragen eine schwarze Kappe und einen schwarzen Latz. Auf die feinen Unterschiede braucht man in der Regel aber kaum zu achten, da in Siedlungen, Gärten und am Futterhaus fast ausschließlich die Sumpfmeise zu beobachten ist: Weidenmeisen verlassen ihren Lebensraum (Auen- und Bergwälder) selten.

Verhalten: Zur Brutzeit erkennt man die Sumpfmeise auch an ihrer Stimme. Ihr Lied besteht aus einer Folge gleicher Töne, etwa »tjipp-tjipp-tjipp…« oder auch zweisilbig »pitji-pitji-pitji…«.

Vorkommen: Sumpfmeisen leben gewöhnlich in (feuchten) Laub- und Mischwäldern, haben sich aber auch in die Nähe des Menschen, in gebüschreiche Gärten und Parks ausgebreitet. Außerhalb der Brutzeit streifen allerdings alle Meisen umher und sind dann auch in anderen Lebensräumen anzutreffen.

Nahrung: Die Vögel leben im Frühjahr und Sommer vorzugsweise von Insekten und Spinnen, die sie von den Zweigen ablesen. Ab Spätsommer spielen Sämereien von Stauden und Bäumen eine wichtige Rolle im Speiseplan.

Fütterung: Im Winter kommen sie mit anderen Meisen gerne ans Futterhaus, wo sie es besonders auf kleine Sämereien abgesehen haben. Mit Geschick bearbeiten sie aber auch größere Samen und Erdnüsse und nutzen Meisenringe.

Im Futterhaus:

Tannenmeise *Parus ater*

Aussehen: Man kann sie mit <u>Sumpf</u>- und <u>Weidenmeise</u>, bei flüchtigem Hinsehen auch mit der <u>Kohlmeise</u> verwechseln. Drei Merkmale unterscheiden sie aber doch recht gut von den anderen »grauen Meisen«: der weiße Nackenfleck, die zwei weißen Flügelbinden und die bräunlich überhauchte, »schmutzige« Unterseite. Den Nackenfleck teilt sie mit der Kohlmeise.

Verhalten: Mit anderen Kleinmeisen und Goldhähnchen gehören die Tannenmeisen zu den typischen Baumwipfelturnern. Ihr Gesang besteht aus einem mehrfach wiederholten, wetzenden »wiize wiize…«.

Vorkommen: Bevorzugt werden vor allem Fichtenwälder. In den Ortschaften genügen ihnen oft einige wenige ältere Nadelbäume als Stammquartier. Außerhalb der Brutzeit streifen sie weiter herum und sind darum auch häufig Gäste am Futterhaus.

Nahrung: Im Sommer überwiegen Kleininsekten und Spinnen, die von den Zweigen abgelesen werden, während im Winter die Samen von Fichten und Kiefern die Hauptnahrung bilden. Im Frühjahr bereichern Triebspitzen und Pollen die vegetarische Küche.

Fütterung: Mit ihren geschickten Füßen und Meißelschnäbeln können sich Tannenmeisen nahezu alle am Futterhaus angebotenen Sämereien zunutze machen und hängen akrobatisch an Futterknödeln und Futtersilos.

Im Futterhaus:

SUMPFMEISE

TANNENMEISE

Haubenmeise *Parus cristatus*

Aussehen: Obwohl sie mit den kleinen »grauen Meisen« (<u>Sumpf</u>-, <u>Weiden</u>- und <u>Tannenmeise</u>) viel Ähnlichkeit hat, kann man die Haubenmeise an ihrer typischen und auffälligen Kopfform und Kopfzeichnung meist sofort erkennen. Zwar wird die Haube keineswegs immer so keck gesträubt gehalten wie auf vielen Abbildungen, aber ein Schopf ist immer zu sehen, und die Schwarz-Weiß-Zeichnung des Kopfes ist auch unverwechselbar, nämlich ohne schwarze Kappe.

Verhalten: Sie gehört mit Goldhähnchen und Tannenmeise zu den typischen Nadelwaldbewohnern, wo sie ebenso hoch und daher oft unsichtbar im Geäst herumklettert. Meistens wird man erst durch ihre recht charakteristischen Rufe auf sie aufmerksam. Ihr Gesang ist eine mehr oder weniger dreisilbige Strophe, die wie »zi-zi gürr« klingt. Und dieser klingelnde »gürr« ist auch der Ruf, an dem man sie selbst im Winter gut erkennen kann.

Vorkommen: Fichten- und Kiefernwälder sind die bevorzugten Lebensräume der Haubenmeise. Aber auch Mischwälder mit einem ausreichenden Anteil an Nadelholz werden gerne besiedelt, ebenso Gärten und Parks, in denen kleinere Koniferengruppen ein Minimum an »Heimatgefühl« gewährleisten. Wo Nadelwälder in der Nähe sind, streifen sie auch in Gärten herum, in denen es keine Nadelbäume gibt. Im Allgemeinen gilt die Haubenmeise als die standorttreueste Meise, die außerhalb der Brutzeit nicht so weit herumstreift wie andere Meisen.

Nahrung: Im Sommer werden fast ausschließlich kleine Insekten und deren Larven sowie Spinnen und andere Kleintiere von den Zweigen abgelesen und aus morschem Holz gepickt. Im Winter ernähren sich Haubenmeisen aber zu einem erheblichen Teil von kleinen Sämereien, vor allem von Koniferensamen.

Fütterung: Wie alle Meisen pickt auch die Haubenmeise gerne an Meisenknödeln aus Talg und Körnern oder holt sich Hanf und Sonnenblumenkerne aus Futterhaus oder Silo. Wegen ihrer starken Bindung an Nadelbäume spielt sie an Futterplätzen aber immer nur Gastrollen und kehrt bald wieder zu ihren Fichten oder Kiefern zurück.

Im Futterhaus, im Geäst:

HAUBENMEISE

Blaumeise *Parus caeruleus*

Aussehen: Man kann sie kaum verwechseln. Sie ist unsere einzige blaue Meise: mit blauer Kappe, blauem Schwanz und blauen Flügeln. Von <u>Kohlmeisen</u>, die auch einen gelben Bauch haben, unterscheiden sie sich durch die fehlende schwarze Kappe und ihr »Babyface«, das durch den deutlich kürzeren Schnabel etwas Puppenhaftes hat. Ein bisschen schwieriger ist es, junge Blau- und Kohlmeisen zu unterscheiden, weil bei den jungen Blaumeisen die später blauen Gefiederstellen anfangs noch ziemlich grau sind.

Verhalten: Wie alle Meisen klettern auch Blaumeisen sehr akrobatisch im dünnsten Geäst, Schilf und an Stauden herum, oft hängend oder kopfüber. Ihre Rufe und Gesänge sind von denen anderer Meisen nicht leicht zu unterscheiden, da alle Meisen ihre wenigen Töne so vielseitig verwenden. Im silberhell klingelnden Gesang der Blaumeise ist ein trillerndes Schwirren charakteristisch: »psizisirrrr«.

Vorkommen: Lichte Laubwälder, Parks und Gärten sind zur Brutzeit ihr bevorzugter Lebensraum. In den übrigen Jahreszeiten treiben sie sich (oft mit anderen Meisen) aber fast überall herum, besonders gern im Schilf. Ihre Nahrung suchen sie hauptsächlich in der Vegetation, von den höchsten Baumwipfeln bis nahe dem Boden. Auf dem Boden selbst trifft man sie nicht so häufig an wie Kohlmeisen.

Nahrung: Im Sommer machen kleine Insekten (z.B. Blattläuse) den Hauptteil der Nahrung aus. Später kommen zahlreiche Sämereien dazu sowie Obst und Beeren, im Spätwinter auch Knospen. Im Frühjahr werden Blüten nach Nektar, Pollen und Insekten abgesucht, besonders beliebt sind Weidenblüten.

Fütterung: Blaumeisen gehören zu den eifrigen Besuchern der Futterhäuschen, wobei sie große Samen und Nüsse geschickt zwischen den Füßen halten und mit hackendem Schnabel öffnen und zerkleinern. Talg, Beeren und anderes Weichfresserfutter sind ebenfalls begehrt. Im Streit mit den größeren Kohlmeisen ziehen sie oft, aber durchaus nicht immer den Kürzeren. Gegenüber anderen Vogelarten wissen sie ihren Vorteil durch Gewitztheit und Behändigkeit zu nutzen.

Im Futterhaus:

BLAUMEISE

BLAUMEISE

Kohlmeise *Parus major*

Aussehen: Unsere häufigste und auffälligste Meise dürfte allgemein bekannt sein, zumal sie überhaupt eine der häufigsten und verbreitetsten Vogelarten in Mitteleuropa ist, besonders im Winter, wenn andere häufige Arten wie der Zilpzalp uns verlassen. Männchen und Weibchen kann man mit einiger Übung an dem unterschiedlich kräftigen Längsstrich auf Brust und Bauch unterscheiden; beim Männchen ist dieser breiter und länger (s. Foto oben). Jedermann bekannt ist die Kohlmeise aber nicht zuletzt auch deswegen, weil sie ohne Scheu sich in Gärten tummelt, sogar in Wohnungen kommt und mit zu den regelmäßigsten Gästen am Futterhaus gehört.

Verhalten: Als typische Turner im Geäst gehören Kohlmeisen wie alle Meisen zu den großen Akrobaten. Doch sie können mehr als andere Meisen, mit ein Grund für ihre Häufigkeit und Verbreitung. So wenden sie geschickt wie die Amseln altes Laub am Boden, um darunter nach kleinen Tieren zu suchen. Geradezu genial sind sie im Erschließen neuer Nahrungsquellen. Sie wühlen in Abfallkörben, sammeln Brotkrumen von Schulhöfen, holen Reste aus Dosen, klauen Butter vom Frühstückstisch und öffnen die Stannioldeckel von Milchflaschen, um sich am Rahm zu laben. Obwohl ihr hell klingelnder Gesang (lieblichster Frühlingsvorbote) nur aus zwei Tönen besteht, ist erstaunlich, was sie durch unterschiedliche Reihung und verändertem Rhythmus alles daraus machen können.

Vorkommen: Aufgelockerte Mischwälder bis hin zu einzelnen Baumgruppen sind ihr bevorzugter Lebensraum. Mit Nistkästen kann man sie aber auch in finstere Nadelwälder und das Innere von Städten locken. Außerhalb der Brutzeit trifft man sie beinahe überall an, wo nur ein paar Zweige wachsen.

Nahrung: Insekten, Spinnen und kleine Bodentiere stehen zur Brutzeit hoch im Kurs, im Herbst und Winter auch oder überwiegend Sämereien, Früchte, Knospen und, wo es sich bietet, Fett.

Fütterung: Da sie mit Geschick und Energie auch größere Samen aufzuhacken verstehen, gibt es kaum irgendwelche Körner, mit denen sie nicht fertig werden. Allerdings bevorzugen sie sehr deutlich fetthaltige Samen, wie Hanf und Sonnenblumensamen, vor den weniger energiereichen Getreiden. Tierisches Fett ist ebenfalls sehr beliebt, als Schwarte ins Geäst gehängt oder als Talg, z. B. in Form von Meisenknödeln. Manchmal hat man jedoch den Eindruck, man müsse nicht die Kohlmeisen fördern, sondern eher andere Vögel vor den Kohlmeisen schützen. Denn sie sind nicht nur lebenstüchtig, sondern auch streitbar.

Im Futterhaus:

KOHLMEISE, MÄNNCHEN

KOHLMEISE

Schwanzmeise *Aegithalos caudatus*

Aussehen: Die Proportionen von kugeligem Körper und langem Schwanz sind einmalig in unserer Vogelwelt, sodass eine Verwechslung kaum möglich ist. Wer es genauer wissen möchte, kann sich auf die unterschiedlichen Kleider konzentrieren, die verraten, woher die Vögel kommen: Schwanzmeisen, die unterseits und am Kopf nahezu rein weiß sind, kommen aus Skandinavien, während unsere »kontinentalen« Schwanzmeisen unterseits mehr weinrötlich sind und einen mehr oder weniger breiten dunklen Überaugenstreifen haben, der sich bis in den Nacken zieht. Allen gemeinsam ist der kurze, aber recht kräftige Schnabel.

Verhalten: In typischer Meisenmanier (auch wenn man sie einer anderen Gattung zurechnet) turnen Schwanzmeisen unter Einsatz der »Balanzierstange« ihres Schwanzes im Gezweig, suchen jedes Ästchen nach Nahrung ab und lassen dabei unentwegt ihren sehr charakteristischen Ruf hören, ein trocken schnurrendes »tsrr«. Weniger hilfreich zur Artbestimmung ist die blaumeisenartig trillernde Gesangsstrophe.

Vorkommen: Laub- und Mischwälder, besonders solche mit dichtem Unterholz und einigen morschen Ästen sind der typische Lebensraum der Schwanzmeisen zur Brutzeit. Längst haben die wenig scheuen Vögelchen aber herausgefunden, dass Gärten und Parks auch zur Aufzucht von Jungen geeignet sind. Außerhalb der Brutzeit streifen Schwanzmeisen familienweise und in kleinen Gruppen durchs Land, wobei man sie auch an Orten findet, die nicht ihrem Brutbiotop entsprechen.

Nahrung: Die kleinsten an Zweigen zu findenden Insekten und Raupen, von Blattläusen bis zu Mücken, Jungspinnen und die in Kokons verborgenen Spinneneier – von derlei mühsam aufgesammelten Häppchen leben Schwanzmeisen gewöhnlich. Im Winter kommen kleine Knospen und Sämereien dazu.

Fütterung: Fett-Kleie-Gemische werden sehr gern von Schwanzmeisen als stärkende Zusatznahrung angenommen. Größere Samen können sie mit ihren winzigen Schnäbeln nicht wie andere Meisen aufhacken.

Im Futterhaus:

SCHWANZMEISE, KONTINENTALE RASSE

Kleiber *Sitta europaea*

Aussehen: Ein kleiner energischer Vogel mit blaugrauem Rücken und rostrotem Bauch, der in allen Positionen an Stämmen und Ästen herumklettert: das kann nur der Kleiber sein (manchmal auch Spechtmeise genannt). Der kräftige schwarze Augenstreif gibt ihm ein banditenhaftes Aussehen, was natürlich ein sehr menschlich subjektiver Eindruck ist.

Verhalten: Im Gegensatz zu anderen Stammkletterern (Spechten, Baumläufern) können Kleiber auch kopfunter an Stämmen herabklettern. Beim Stammaufklettern stützt er sich nicht (wie Spechte und Baumläufer) auf seinen Schwanz, der entsprechend auch keine steifen Stützfedern aufweist. Wenn sein Aussehen an Banditen erinnert, so seine Pfiffe an Gassenjungen. Darüber hinaus hat er ein rasches »wiwiwiwiwiwi…« und ein durchdringendes »piüpiüpiü…« im vielseitigen Repertoire. Damit unterscheidet sich die Spechtmeise sowohl von den Spechten als auch von den Meisen.

Vorkommen: Wie bei vielen Gartenvögeln ist seine natürliche Heimat der Laub- und Mischwald, von dem aus er Parks, Alleen, Feldgehölze und Gärten besiedelt hat – obwohl er nicht gern über größere baumlose Strecken fliegt.

Nahrung: Zur Brutzeit bevorzugen Kleiber den hohen Eiweißgehalt von an Stämmen und Ästen lebenden Insekten Spinnen und Raupen, ab Spätsommer überwiegen die Samen von Laub- und Nadelbäumen. Das ganze Jahr über neigen Kleiber zur Vorratshaltung, sogar Fleischvorräte werden in Ritzen und Spalten angelegt und mit Moos oder Flechten getarnt.

Fütterung: Im Winter sind sie regelmäßig an den Futterstellen, wo sie wenig Rücksicht auf andere Vögel nehmen und akrobatisch an Meisenknödel und Speckseiten gehen, aber ebenso selbstverständlich von Sonnenblumensamen und Erdnussbruch Gebrauch machen.

Im Futterhaus:

KLEIBER

KLEIBER

Gartenbaumläufer *Certhia brachydactyla*

Auch zum Gartenbaumläufer gibt es (wie bei den Goldhähnchen und bei Zilpzalp und Fitis) eine Zwillingsart, die kaum zu unterscheiden ist: den Waldbaumläufer. Äußerlich sehen sich die beiden Arten so ähnlich, dass sogar Fachleute ins Rätseln geraten. Nur am Gesang kann man die beiden Arten in freier Natur zuverlässig unterscheiden. Leider lassen sie den im Winter selten erschallen. Wir beschreiben hier den Gartenbaumläufer, weil er ungleich häufiger in Gärten und an Futterstellen anzutreffen ist als der Waldbaumläufer.

Aussehen: Oberseits sind Baumläufer so raffiniert rindenfarbig, dass man den bewegungslosen Vogel nur schwer findet. Bewegungslos sind die kleinen Stammkrobaten allerdings selten, sie huschen vielmehr ständig an Stämmen und Ästen herum, auf der Suche nach Insekten in den Rindenspalten, die sie geschickt mit ihrem gebogenen Schnabel absuchen. Ihre Unterseite ist weißlich, der Schwanz mit den spitzen Stützfedern braun.

Verhalten: Baumläufer suchen am Tag bis zu 200 Bäume nach Nahrung ab und legen dabei eine Kletterstrecke von 2-3 km zurück, hat man errechnet. Meistens klettern sie in Spiralen den Stamm hoch und lassen sich dann kraftsparend zum Fuß des nächsten Baumes hinunterfallen. Nachts verbergen sie sich zum Schlafen häufig unter losen, etwas abstehenden Rindenstücken, die eine schützende Höhle bilden. Das Lied des Gartenbaumläufer-Männchens ist eine stotternde, undeutlich sechssilbige Strophe »tüt-tüt-titeroi-sri«, die nur 1 Sekunde dauert. Allenfalls daran kann man den Gartenbaumläufer von seiner Zwillingsart, dem Waldbaumläufer, unterscheiden, dessen Gesang ein hohes, blaumeisenähnliches Gewisper von etwa 3 Sekunden Dauer ist.

Vorkommen: Bevorzugter Lebensraum des Gartenbaumläufers sind Laub- und Mischwälder des Tieflandes mit viel alten Bäumen. Im Gegensatz zum Waldbaumläufer ist er aber nicht auf Wälder fixiert, sondern besiedelt alle möglichen Gehölze und weiß auch das Leben in städtischen Gärten und Parks zu schätzen. Buchen mit ihren glatten Rinden werden tunlichst gemieden.

Nahrung: Mit seinem feinen, gebogenen Schnabel findet er noch in kleinsten Rindenritzen Insekten, ihre Larven und Spinnen. Im Winter kommen Gartenbaumläufer auch an Futterplätze, wo sie Fettfuttergemische bevorzugen.

Fütterung: Mit Kleie vermischter Talg, noch warm in Mulden und Löcher an Stamm und Äste von Bäumen geschmiert, kommt den Baumkletterern am meisten entgegen.

Im Futterhaus, an Stämmen:

GARTENBAUMLÄUFER

Star *Sturnus vulgaris*

Aussehen: Aus der Entfernung erscheinen diese kaum amselgroßen Vögel in allen Kleidern dunkelbräunlich. Aus der Nähe oder mit dem Fernglas sieht man, dass sie eine durchaus abwechslungsreiche und geschmackvolle Garderobe tragen: Die Frühjahrsmode setzt auf Glanz und grünvioletten Schimmer (»Glanzstar«), die Herbstmode bevorzugt Perlmuster, hell auf dunklem Grund (»Perlstar«). Die Jugend trägt praktisches Erdbraun.

Verhalten: Bei der Suche nach Bodentieren steckt der Star seinen Schnabel in den Boden und reißt ihn dann auf. Da das aussieht wie das Spreizen eines Zirkels, nennt man es Zirkeln (vgl. Foto unten). Bekannt sind die erstaunlich exakten Flugmanöver der oft riesigen Starenschwärme, die man oft als Exerzieren bezeichnet. Wie Stare singen, dürfte allgemein bekannt sein. Dieses Quietschen, Schnarren, Knacken, Pfeifen und Imitieren anderer Vogelstimmen ist auch kaum zu beschreiben. Typischerweise wird der Gesang mit gesträubtem Gefieder vorgetragen, wobei die hängenden Flügel heftig schlagen.

Vorkommen: Zwei Bedingungen stellt der Star an seinen Lebensraum: Große offene Flächen mit kurzer Vegetation und Nisthöhlen braucht er. Geschlossene Wälder scheiden daher aus dem einen Grund, baum- und gebäudelose Agrarlandschaften aus dem anderen Grunde aus. Als anpassungsfähiger Zivilisationsfolger weiß der Star aber die menschengemachten Verhältnisse zu seinen Gunsten zu nutzen.

Nahrung: Zur Brutzeit wird tierische Nahrung bevorzugt, hauptsächlich Bodentiere. Im Sommer und Herbst folgt die Traubenkur, dann sind Beeren und andere Früchte die Hauptnahrung für Jung und Alt – sehr zum Leidwesen von Winzern und Obstbauern, die ihre Ernten oft nur im Schutz von Netzen vor dem Massenandrang der Stare bewahren können.

Fütterung: Stare lassen sich durch Fütterung nur begrenzt in den Garten locken, einmal weil sie sich härteren Wintern durch die Flucht entziehen, und zum anderen, weil sie recht heikle Ansprüche an ihre vielseitige Ernährung stellen. Am ehesten noch kann man zu früh heimgekehrten, vom Schnee überraschten Staren mit Trockenbeeren und natürlich mit lebenden Mehlwürmern beistehen, die man am besten einfach in den Rasen streut – auch wenn der von einer dünnen Schneedecke überzogen ist.

Im Futterhaus, am Boden:

»PERLSTAR«

»GLANZSTAR«

»PERLSTAR« BEIM ZIRKELN

Eichelhäher *Garrulus glandarius*

Aussehen: Das Kleid des Eichelhähers könnte vom gleichen Designer stammen wie das von Kernbeißer und Seidenschwanz: Dezente Rosttöne mit markanten Schwarzweiß-Akzenten und als Accessoire die »verrückten« blauen Flügeldecken des Hähers.

Verhalten: Wie alle Krähenvögel ist er ein äußerst gewitzter und sehr lernfähiger Vogel. Nicht umsonst gilt er als »Wächter des Waldes«. Neben dem heiseren Warnruf verfügt er über ein erstaunlich vielfältiges Repertoire von allerdings leisen Tönen. Im Herbst ziehen die sonst eher ungeselligen Häher in oft großen Trupps übers Land.

Vorkommen: Wälder jeder Art sind die Heimat des Eichelhähers. Von ihnen entfernt er sich nicht gerne weit, wenn er auch als kluger Vogel die Komposthaufen in den Gärten und andere Leckereien in der Umgebung des Menschen längst entdeckt hat.

Nahrung: Wie die meisten Verwandten der Krähen ist auch der Eichelhäher ein Allesfresser. Im Jahresdurchschnitt überwiegt die pflanzliche Kost: Samen, Früchte, Knospen etc. In Zeiten frühsommerlichen Überflusses bereichert allerlei tierische Beute den Küchenzettel, von größeren Insekten und deren Larven, über Mäuse, Reptilien und Amphibien bis hin zu Vogeleiern und Jungvögeln.

Fütterung: Wer das Glück hat, in der Nähe eines Waldes zu wohnen, kann diesen hübschen Vogel mit Speckseiten, Fettkugeln und auch mit Bucheckern, Eicheln, Erd- und anderen Nüssen, gekochten Kartoffeln, Getreide, Hülsenfrüchten und Trockenobst in den Garten locken.

Im Futterhaus, am Boden: , Küchenabfälle

Tannenhäher *Nucifraga caryocatactes*

Aussehen: Sein dolchförmiger Schnabel und das auf braunem Grund weiß gefleckte Federkleid unterscheiden ihn vom Eichelhäher und lassen keinerlei Verwechslung zu.

Verhalten: Sehr geschickt bearbeitet der Tannenhäher Koniferenzapfen, um an die harzig duftenden Samen zu gelangen. Auch Nüsse weiß er so einzuklemmen und aufzuhacken, dass selbst harte Schalen für ihn kein Problem sind. Der häufigste Ruf ist ein raues, krähenartiges »rrah«. Im Herbst kommen die Vögel aus ihren Bergwäldern in die Täler und sind dann auch in Gärten und Parks anzutreffen.

Vorkommen: Zur Brutzeit lebt er in Nadelwäldern und Mischwäldern mit hohem Koniferenanteil.

Nahrung: Besonders wichtig sind ihm in den Alpen die Arven mit ihren großen Samen. Hasel- und Walnüsse, Bucheckern und auch Fichten- und Kiefernsamen sind ihm ebenfalls willkommen. Hinzu kommen Beeren und Obst sowie im Sommer Insekten, Raupen, Würmer, Abfälle, Aas, Jungvögel und Eier.

Fütterung: Mit seinem kräftigen Schnabel wird der Tannenhäher auch mit ganzen Nüssen fertig. Getrocknete Beeren und Fette werden ebenfalls gerne genommen.

Im Futterhaus, am Boden:

EICHELHÄHER

TANNENHÄHER

Elster *Pica pica*

Aussehen: Aus der Entfernung erscheinen die langschwänzigen Vögel nur schwarz und weiß. Aus der Nähe oder mit dem Fernglas erkennt man den wunderschönen Blauglanz auf den Flügeln und den grün-blau changierenden Schimmer der Schwanzfedern. Mit ihren runden Flügeln und dem drachenartig langen Schwanz wirkt der schwarz-weiße Vogel wie aus einem japanischen Holzschnitt.

Verhalten: Trotz ihrer Schönheit ist die Elster bei den meisten Garten- und Naturfreunden nicht beliebt. Dazu hat nicht nur die alte Geschichte von der »diebischen Elster« beigetragen, sondern auch die Tatsache, dass sie eine eher hässliche Stimme hat und vor allem gelegentlich Vogelnester ausräumt. Wer allerdings einmal das Vergnügen hatte, eine junge Elster handzahm aufzuziehen, dem werden diese intelligenten, lebhaften, stets zu spielerischem Unfug aufgelegten Vögel in ganz neuem Licht erscheinen.

Vorkommen: Von lichten, buschreichen Wäldern bis hin zu offenen, nahezu baum- und strauchlosen Landschaften reicht das Spektrum natürlicher Lebensräume der Elster. In zunehmendem Maße haben die gescheiten Vögel aber entdeckt, dass es in Ortschaften keine Jäger gibt. Darum konzentrieren sich die Brutvorkommen heute vielfach in Wohn- und Industriegebieten, was zu der Ansicht beigetragen hat, die Elstern hätten sich »enorm vermehrt«. Auch im Stadtbereich kann man ihre kobelförmigen Nester mit dem weniger dicht gepackten »Dachstuhl« entdecken.

Nahrung: Wie alle Krähenvögel sind Elstern in kulinarischer Hinsicht ebenso vielseitig wie wählerisch. Im Sommer sind Bodentiere die Hauptnahrung, mit der auch die Jungen gepäppelt werden. Durch die Vernichtung von Engerlingen, Maulwurfsgrillen, Larven der Wiesenschnake und Wühlmausjungen machen sich die Vögel durchaus nützlich. Der Anteil an Jungvögeln und Gelegen ist gering und beschränkt sich in der Regel auf sehr häufige Arten. Im Herbst und Winter überwiegen Beeren, Körner und Früchte. Menschliche Abfälle sind das ganze Jahr über ein beliebtes Zubrot.

Fütterung: Wenn Elstern nicht bejagt werden, finden sie ihr Auskommen auch ohne unsere besondere Hilfe. So bedienen sie sich gerne an den Abfällen von Komposthaufen. Ein Anfüttern mit Küchenabfällen kann aber allein schon deswegen interessant sein, weil man dann aus der Nähe beobachten kann, wie schön, wie geschickt, wie kapriziös dieser verkannte Vogel ist.

Am Boden: , Küchenabfälle

ELSTER

ELSTER

Rabenkrähe *Corvus corone*

Aussehen: Jeder kennt die schwarzen Vögel – nur wenige lieben sie. Da schwarze Vögel offenbar allgemein als unsympathisch gelten (einschließlich dem Kormoran), wird auch meist nicht zwischen Rabenkrähen (Foto oben), den in Kolonien brütenden Saatkrähen (Foto unten) und dem viel größeren und selteneren Kolkraben unterschieden. Und um vollends zu verwirren: In Ostdeutschland wird die schwarze Rabenkrähe durch die am Leib hellgraue Nebelkrähe ersetzt; beide Rassen zusammen heißen Aaskrähe.

Verhalten: Krähen sind gesellige Vögel. Selbst in der Brutzeit sieht man tagsüber größere Trupps von Nichtbrütern gemeinsam auf Feldern, Wiesen und Müllhalden nach Nahrung suchen, und abends versammeln sich die Krähen von weither zu großen Schlafgesellschaften in hohen Bäumen. So finster Krähen aussehen mögen, es sind vielseitige, lernfähige (»gescheite«) Vögel. Wer jemals eine junge Krähe aufgezogen hat, weiß, wie anhänglich, wie erfinderisch, wie verspielt diese Tiere sind.

Vorkommen: Offene Landschaften mit reichem und vielfältigem Nahrungsangebot und geeigneten Horstbäumen sind zur Brutzeit der Lebensraum der Rabenkrähe. Nichtbrüter und Brutvögel außerhalb der Brutzeit findet man auch in weitgehend baumlosen Ackerlandschaften, die sonst eher die Domäne der Saatkrähe sind. Es gibt in der Kulturlandschaft kaum einen Ort, an dem man nicht gelegentlich Krähen findet. Nur in Wäldern fühlen sie sich offenbar gar nicht wohl, es sei denn zum Schlafen.

Nahrung: Man fragt sich immer wieder erstaunt, von was sich die individuenreichen Scharen dieser großen Vögel so das ganze Jahr über ernähren. Offenbar können sie aus allem etwas Verdaubares machen. Tatsächlich gibt es kaum einen anderen Vogel, der einen so vielfältigen Speiseplan hätte. Dabei sind Krähen wählerisch und stellen die richtige Kombination von pflanzlicher und tierischer Nahrung mit Abfällen bis hin zu Kot offenbar sehr bekömmlich zusammen. Wer junge Krähen aufziehen will, muss sich durchaus ein vielfältiges Menü für eine gesunde Entwicklung einfallen lassen.

Fütterung: Im Garten wird sie nur der besondere Liebhaber extra anfüttern. Jegliche Küchenabfälle sind geeignet, sofern sie nicht stark gewürzt sind. In den meisten Fällen wird ein Komposthaufen schon Anlockung genug sein.

Am Boden: , Küchenabfälle

RABENKRÄHE

SAATKRÄHE

Haussperling *Passer domesticus*

Aussehen: Wie Spatzen aussehen, weiß jeder. Wie unterscheiden sich aber die beiden bei uns vorkommenden Sperlingsarten? Also: Männliche Haussperlinge tragen eine graue Kappe und einen schwarzen Latz, wirken im Winter aber etwas unauffälliger. Ihre Damen sind von schlichter Unscheinbarkeit, bräunlichgrau, nur von nahem oberseits mit hellbraunen Federrändern hübsch gemustert. Wie sie sich von den Feldsperlingen unterscheiden, erfahren Sie unten.

Verhalten: Sperlinge sind gesellige Vögel, die zu kleinen Brutkolonien neigen und außerhalb der Brutzeit in Bäumen und Hecken Schlafgesellschaften bilden, in denen es oft recht lautstark zugeht. Auch tagsüber bei der Futtersuche halten Trupps und kleine Schwärme zusammen, die im Winter oft ist Finken und Ammern durchmischt sind. Dass Sperlinge zu den Singvögeln gehören, ist eine eher akademische Tatsache, jedenfalls kommen sie über ein nervtötendes Getschilpe nicht hinaus.

Vorkommen: Der Haussperling trägt seinen Namen zu Recht. Er ist bei uns so sehr zum Zivilisationsfolger geworden, dass man sich kaum noch vorstellen kann, wie er einst ohne den Menschen auskam. Neuerdings macht ihm jedoch der Feldsperling in Ortschaften und Städten viel Konkurrenz.

Nahrung: Zur Brutzeit bis 30 Prozent Insekten, sonst Unkrautsamen, Körner, Knospen, Triebe sowie menschliche Abfälle.

Fütterung: Körnerfutter macht die unterhaltsamen Gassenbuben zutraulich bis zudringlich.

Im Futterhaus, am Boden:

Feldsperling *Passer montanus*

Aussehen: Bei den Feldsperlingen unterscheiden sich Mann und Frau nicht. Sie haben einen adretten sattbraunen Oberkopf, einen kleinen schwarzen Latz und stets einen kräftigen schwarzen Schönheitsfleck auf der weißen Wange.

Verhalten: Ähnlich dem des Haussperlings.

Vorkommen: Die Bezeichnung Feldsperling besagt schon, dass dieser hübsche, lebhafte Vogel mehr als der Haussperling die Ortsränder und die angrenzende Feldflur besiedelt. In vielen Ortschaften ist er heute aber ebenso häufig wie der (seltener werdende?) Haussperling.

Nahrung: Die verschiedensten Sämereien in unterschiedlichen Reifestadien sind die Hauptnahrung. Eine vielfältige Unkrautflora der Felder, Wege, Straßen und Bahndämme ist ihm wichtiger als monotone Getreidefelder. Zur Brutzeit spielen Insekten und andere kleine Wirbellose bei der Ernährung der Eltern, vor allem aber der Jungen eine wichtige Rolle.

Fütterung: Alle käuflichen Körnerfutter werden von Feldsperlingen gerne angenommen, besonders wenn man sie breitwürfig in den Rasen, unter Bäume und Sträucher oder auf die Terrasse streut. Sehr harte Weizenkörner werden oft liegen gelassen.

Im Futterhaus, am Boden:

HAUSSPERLING, MÄNNCHEN

HAUSSPERLING, WEIBCHEN

FELDSPERLING

Buchfink *Fringilla coelebs*

Aussehen: Vogelbanausen mögen den Buchfinkenmann wegen seiner roten Brust für ein <u>Rotkehlchen</u> halten. Wir hingegen erkennen bereits am Schnabel, dass wir es nicht mit einem Insekten-, sondern mit einem Körnerfresser zu tun haben, also mit einem Vertreter der Finken, Ammern und Konsorten. Und überhaupt kennen wir diesen wohl häufigsten Vogel unseres Landes, ohne groß auf Einzelheiten wie die weißen Flügelbinden und die adrette graue Frisur zu schauen. (Beim unscheinbar bräunlichen Weibchen und beim abfliegenden Vogel, ist ein Blick auf die Flügelbinden jedoch recht nützlich.) Im Winter sollte man auf den nordischen Vetter, den <u>Bergfink,</u> achten: Er hat einen weißen Bauch und eine orange Brust.

Verhalten: Die Wissenschaft gab ihm den Namen Fringilla coelebs, der Junggesellenfink. Tatsächlich zieht selbst heute noch, nachdem warme Winter und Vogelfütterungen das Leben so viel leichter gemacht haben, ein Großteil der Buchfinkinnen im Herbst in mildere Gefilde, ohne sich um die mannhaft ausharrenden Gatten zu scheren. Und wussten Sie, woher der deutsche Name Fink kommt? Vom Ruf unseres Vogels, der sich zwar eher wie »pink« anhört, was aber keinen ordentlichen Namen abgibt. Der Gesang des Buchfinkenmanns – tausendmal jeden Tag zu hören – ist eine schmetternde Strophe aus 5–6 absteigenden Tönen mit einem optimistischen »tswietsu« am Ende.

Vorkommen: Überall, wo es Bäume gibt. Selbst im finstersten Fichtenforst und auf der einsamsten Linde im Großstadtgewühl.

Nahrung: Zur Brutzeit gibt es hauptsächlich eiweißreiche, fleischliche Kost. Das übrige Jahr ernähren sich Buchfinken vegetarisch von allen möglichen Samen und Körnern.

Fütterung: Als typischer Körnerfresser (den man schon an seinem kräftigen Schnabel erkennt), kann der Fink auch größere Samen schälen. Wie die meisten Vögel zieht er ölhaltige Samen (Sonnenblumenkerne, Hanfsamen, Lein, Erdnüsse) den bloß stärkehaltigen Getreiden vor. Haferflocken, besonders wenn sie in Fett getränkt sind, werden aber auch gerne genommen. In auffälliger Weise suchen Buchfinken viel lieber ihr Futter am Boden, statt sich mit Meisen am Futterhaus zu streiten. Selbst aus dichter Bodenvegetation und aus Schnee picken sie Hanfsamen und kleinere Sämereien. Grünfinken, Zeisige und Spatzen leisten ihnen dabei meist Gesellschaft.

Im Futterhaus, am Boden:

BUCHFINK, MÄNNCHEN IM BRUTKLEID

BUCHFINK, MÄNNCHEN IM WINTER

BUCHFINK, WEIBCHEN

Bergfink *Fringilla montifringilla*

Aussehen: Da Bergfinken nur als Wintergäste zu uns kommen, sieht man die Männchen selten in ihrem prächtigen Brutkleid mit schwarzem Kopf und Rücken und rostfarbener Brust. Die Brust ist auch im Winter und auch beim Weibchen hübsch orange-rostrot, aber im Winter fehlt der kräftige Kontrast: Kopf und Rücken beider Geschlechter wirken dann schmuddelig grau, reinfarbig und auffällig sind dann nur die orange Brust und der weiße Bürzel, der besonders beim Abfliegen ins Auge sticht.

Verhalten: Die nahe Verwandtschaft mit dem Buchfink lässt sich auch am Verhalten erkennen. Bergfinken sind (im Winter) gesellig und gutmütig, unaufgeregt und selten zu Streit aufgelegt. Sie suchen hauptsächlich am Boden ihre Nahrung, wo sich die unauffällige Färbung der Oberseite als gute Tarnung erweist. Sie vertragen sich nicht nur mit ihresgleichen (was sich in riesigen Winterschwärmen ausdrückt), sondern auch mit anderen Finken, mit Ammern und Sperlingen. Nur ihre Vorliebe für Buchenwälder, die von unseren Körnerfressern nicht so geteilt wird, führt dazu, dass Bergfinken oft unter sich sind.

Vorkommen: Diese Gäste aus Skandinavien und Russland kommen keineswegs jedes Jahr im Winter zu uns, dafür manchmal in riesigen Schwärmen. Die Gründe für so schwankendes Wanderverhalten liegen teils in den Brutgebieten (Bruterfolg, Nahrungsangebot, Witterung), teils daran, ob unsere Buchenwälder reiche Frucht hervorgebracht haben oder nicht. Denn Bucheckern sind entschieden die Lieblingsnahrung der Bergfinken im Winter.

Nahrung: Im Winter sind die Nüsse der Rotbuche die bei Weitem bevorzugte Nahrung. Erst wenn das Angebot knapper wird, begnügen sich die Vögel auch mit anderen Samen, von kleinen Fichtensamen bis zu großen Maiskörnern.

Fütterung: Am Futterplatz sind Bergfinken nicht wählerisch und laben sich an allen Körnern und gefetteten Haferflocken. Auch sie bevorzugen es, wie der Buchfink, sich die Körner aus dem Gras zu klauben, statt sie aus Futterhäusern holen zu müssen.

Im Futterhaus, am Boden:

BERGFINK, MÄNNCHEN IM ÜBERGANGSKLEID

BERGFINK, WEIBCHEN

Kernbeißer *Coccothraustes coccothraustes*

Aussehen: Ein fast starengroßer, stämmiger, dezent gefärbter Vogel mit klobigem Schnabel ist der Kernbeißer. Auf die Ähnlichkeiten der geschmackvollen Farbgebung von <u>Seidenschwanz</u>, <u>Eichelhäher</u> und Kernbeißer haben wir schon beim Eichelhäher hingewiesen. Männchen und Weibchen sind ziemlich gleich gefärbt, nur dass die Weibchen insgesamt etwas mattere Farben tragen. Ein inneres und ein äußeres weißes Flügelfeld sind im Flug auffällig, während die weiße Flügelbinde beim ruhenden Vogel verdeckt sein kann. Unverkennbar ist der in unserer Vogelwelt einmalige dicke Schnabel, der beim Männchen grau, beim Weibchen hornfarben ist.

Verhalten: Ähnlich wie der <u>Gimpel</u> ist der Kernbeißer ein stiller Vogel. Wie beim Gimpel ist auch bei Kernbeißern eine über die Brutzeit hinaus andauernde Ehe üblich, sodass man auch im Winter Mann und Frau zusammen sieht. Da Kernbeißer die meiste Zeit hoch in den Baumwipfeln agieren, muss man auf ihren charakteristischen Ruf, ein scharfes »zicks«, achten, wenn man sie aufspüren will. Der von hoher Warte bereits früh im Jahr vorgetragene Gesang der Männchen ist leise und wenig melodiös. Er besteht aus einer Aneinanderreihung »zickiger« Rufelemente, die manchmal mit einem melodischeren »zieh-öh« endet.

Vorkommen: Die Vögel brüten – oft in kleinen Kolonien – in lichten Laub- und Mischwäldern mit viel Unterwuchs. Häufig besiedeln sie auch Feldgehölze, Parks und Gärten mit entsprechendem Baumbestand.

Nahrung: Mit ihren enormen Schnäbeln machen Kernbeißer ihrem Namen alle Ehre und knacken selbst die harten Kerne von Kirschen und Kornelkirschen (versuchen Sie es!). Daneben bilden die Samen von Hain- und Rotbuchen, Ahornen, Traubenkirschen und auch von Koniferen die Grundlage des Menüs. Hinzu kommen im Spätwinter Knospen und Triebe von Laub- und Nadelhölzern sowie im Frühjahr Insekten und ihre Raupen.

Fütterung: Ob die hübschen Vögel im Winter ans Futterhaus kommen, lässt sich bei diesen »Zigeunern« schwer voraussagen. Sie bevorzugen die größeren Samen von Sonnenblumen und Hanf sowie Erdnussbruch.

Im Futterhaus, am Boden:

KERNBEISSER, MÄNNCHEN

KERNBEISSER, WEIBCHEN

Girlitz *Serinus serinus*

Aussehen: Ein kleines gelb-grau-grünliches Vögelchen mit kurzem Schnäbelchen – alles ist irgendwie putzig-puppig an ihm. Das Weibchen ist weniger gelb und dadurch noch unscheinbarer. Übrigens ist der Girlitz ein naher Verwandter des Kanarienvogels, der offiziell Kanarengirlitz heißt.

Verhalten: In Teilen Europas ist der wärmeliebende Girlitz Zugvogel, der ab September verschwindet und ab Mitte März wieder erscheint. In Nordwestdeutschland und an der Küste bleiben die Vögel den Winter über im Land und streifen in kleinen Trupps umher. Der Gesang der Männchen ist ein hohes quietschend-klirrendes, lang anhaltendes Gezwitscher, oft auch im gaukelnden Singflug vorgetragen.

Vorkommen: Offene, locker mit Bäumen und Gebüsch bestandene Landschaften mit Flächen niedriger oder schütterer Vegetation. Häufig in Ortschaften mit verstreut stehenden Nadelbäumen. Im Winter verlassen uns die Vögel meist.

Nahrung: Was täten Girlitze ohne Unkräuter! Sie leben fast ausschließlich von deren oft noch unreifen Samen, die, im Kropf vorgeweicht, auch als Kindernahrung dienen. Einer von vielen Gründen, nicht ständig und überall alles abzumähen. Im Frühjahr ernähren sich Girlitze von Knospen und Kätzchen.

Fütterung: Mit samentragenden Stauden im Garten, wie Goldrute, Hirtentäschel, Wasserdost, Ampfer, Knöterich, Miere, Brennnesseln und Disteln, kann man überwinternden Girlitzen mehr nützen als mit Futter.

Im Futterhaus, am Boden:

Goldammer *Emberiza citrinella*

Aussehen: Die Männchen sind leicht an ihrem goldgelben Kopf zu erkennen. Im Übrigen herrschen warme, rotbraune Töne vor, wobei besonders der rostbraune Bürzel sehr charakteristisch ist. Daran erkennt man auch die Weibchen, die weniger Gelb tragen und dafür mehr grau-braun-schwarz gestrichelt sind.

Verhalten: Im Winter sieht man Goldammern meist in Schwärmen (oft mit anderen Ammern und Finken) auf Feldern, im Sommer einzeln auf Buschspitzen und Hecken, von wo aus das Männchen seine gemütliche Strophe hören lässt.

Vorkommen: Abwechslungsreiche Landschaften mit Büschen und Hecken und Flächen unterschiedlicher Vegetationshöhe, Waldränder, Bahndämme, Wegränder, Randlagen menschlicher Siedlungen.

Nahrung: Das ganze Jahr über eine Vielfalt von Sämereien, die teils vom Boden aufgesammelt, teils von den Pflanzen geerntet werden. Im Sommer spielen aber auch Insekten und deren Larven sowie Bodentiere eine wichtige Rolle bei der Ernährung.

Fütterung: Die im Winter nicht mehr ganz so goldenen Ammern sind am Futterhaus häufiger Stammgast – zumindest in halbwegs ländlicher Lage. Fetthaltiges Futter und feine Sämereien, möglichst am Boden verstreut, sind ihnen am liebsten.

Im Futterhaus, am Boden: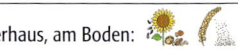

GIRLITZ, MÄNNCHEN

GOLDAMMER, MÄNNCHEN

Erlenzeisig *Carduelis spinus*

Aussehen: Bei oberflächlicher Betrachtung kann man diesen Vogel in den Farben Grün, Gelb, Grau und Schwarz mit dem Grünfink verwechseln. Erlenzeisige sind aber immer oberseits und unterseits schwarz gestrichelt und ihr Schnabel ist viel spitzer. Die Männchen sind (wie üblich) mit schwarzen und gelben Abzeichen auffälliger und hübscher als die recht schlichten Weibchen und Jungvögel.

Verhalten: Die sehr geselligen Vögel trifft man zumindest außerhalb der Brutzeit fast immer in Schwärmen an, die hüpfend dahinfliegen, zwitschernd in Baumwipfeln sitzen oder akrobatisch an den dünnen Zweigen von Birken und Erlen herumturnen.

Vorkommen: Zur Brutzeit verschwinden die Erlenzeisige in Nadelwäldern. Ab Ende August hört man dann auch in offenen Landschaften und Ortschaften wieder ihren etwas traurigen Ruf.

Nahrung: Zur Brutzeit Fichtensamen, sonst Erlen- und Birkensamen, aber auch die Samen von Stauden. Am liebsten sammeln die kleinen Akrobaten die Samen im hohen Geäst, fallen aber auch gerne auf dem Boden ein, wo sie wie grünliche Mäuse herumhuschen.

Fütterung: Im Winter lassen sich die Vögel mit verschiedenen Sämereien leicht in den Garten locken, besonders wenn diese breitwürfig am Boden verstreut sind.

Im Futterhaus, am Boden:

Birkenzeisig *Carduelis flammea*

Aussehen: Aus der Nähe oder im Fernglas sehen zumindest die Männchen im Sommer recht hübsch aus mit ihrem schwarzen Lätzchen, der roten Stirn und der rosa Brust. Im Gezweig oder am Boden wirken die Vögel aber erstaunlich unscheinbar, zumal die Weibchen und Jungvögel. Vom Bluthänfling (S. 84) unterscheidet sich der Birkenzeisig unter anderem durch seinen schwarzen Latz und den gelben (nicht grauen) Schnabel.

Verhalten: Birkenzeisige sind unruhige kleine Vögel, die paarweise oder in kleinen Gruppen im hohen Geäst von Birken, Weiden und Fichten herumklettern oder wie Mäuse am Boden nach Sämereien suchen. Meist wird man erst durch ihre Rufe und den (Flug-)Gesang der Männchen auf sie aufmerksam, bei dem die nasalen Rufe mit hohen, schwirrenden Trillern abwechseln.

Vorkommen: Früher war der Birkenzeisig nur ein Bewohner der Bergwälder. In den letzten Jahrzehnten hat er sich aber stark ausgebreitet und brütet heute in Parks und hohen Baumgruppen am Rand der Ortschaften.

Nahrung: Kleine Sämereien von Bäumen (Birken, Erlen, Fichten) und verschiedene Stauden sind seine Hauptnahrung. Zur Brutzeit spielen auch Insekten und Spinnen, in der Übergangszeit Weidenpollen eine Rolle.

Fütterung: Obwohl Birkenzeisige neuerdings die Nähe des Menschen suchen, sind sie an Futterstellen noch eine Seltenheit. Vielleicht sollte man es mit feinem Futter für »Waldsänger« versuchen – breit auf den Boden gestreut.

Im Futterhaus, am Boden:

ERLENZEISIG, MÄNNCHEN

BIRKENZEISIG, MÄNNCHEN IM BRUTKLEID

Bluthänfling *Carduelis cannabina*

Aussehen: Ähnlich wie beim <u>Birkenzeisig</u>, weiß auch der Bluthänfling ein eindrucksvolles Hochzeitskleid mit unscheinbaren Tarnfarben zu vereinen. Jungvögel, Weibchen und Männchen im Winter sind so tarnfarben, dass man sie leicht übersieht. Das Karminrot auf Brust und Stirn der Männchen tritt erst im Frühjahr zu Tage, wenn sich die bräunlichen Federränder des frischen Herbstkleides abgestoßen haben. Zu allen Jahreszeiten sind für die Männchen der einfarbig rostbraune Rücken mit den gleichfarbigen Flügeldecken charakteristisch, ein unter allen europäischen Finken einmaliges Kennzeichen.

Verhalten: Hänflinge sind recht gesellig und bilden zumindest außerhalb der Brutzeit Schlafgesellschaften und ziehen mit anderen Körnerfressern durch die Gegend. Wegen seines lieblichen, nicht aufdringlichen Gesangs war und ist der Hänfling ein beliebter Käfigvogel. Der typische Flugruf ist ein kurzes, rasches »gegege« oder kräftigeres »djäk djäk«.

Vorkommen: Sonnige, offene Landschaften mit Hecken oder jungen Nadelbäumen sind die bevorzugten Lebensräume zur Brutzeit. Wichtig sind genügend samentragende Stauden, die man heute in Kiesgruben und an Bahndämmen eher findet als in der Agrarlandschaft. Auch an Siedlungsrändern und in Gärten brüten Hänflinge. Im Winter ziehen sie oft in großen Schwärmen und in Gesellschaft von Finken und Ammern durchs Land.

Nahrung: Schon an ihrem Schnabel erkennt man, dass Hänflinge typische Körnerfresser sind, die in ihrer Nahrungswahl zwischen Stieglitz und Zeisig einerseits und Buchfink, Grünfink und Gimpel andererseits stehen. Die Sämereien von Stauden und Kräutern, aber auch kleinere Samen von Bäumen (Erlen, Birken, Pappeln, Nadelbäumen) sind in allen Reifestadien ihre Hauptspeise, sogar als Futter für die Jungen. Kleintiere spielen in der Ernährung von Alt und Jung eine ganz untergeordnete Rolle.

Fütterung: Feinere Sämereien werden lieber genommen als Sonnenblumen- und Hanfsamen. Will man nicht selbst im Sommer und Herbst die Samen von Wildstauden sammeln, muss man es mit den Mischungen für »Waldsänger« aus der Zoohandlung versuchen.

Im Futterhaus, am Boden:

BLUTHÄNFLING, MÄNNCHEN

BLUTHÄNFLING, WEIBCHEN

Grünfink *Carduelis chloris*

Aussehen: Die Männchen sind wie gewöhnlich die Prächtigeren, mit gelben Flügelbinden und Schwanzseiten. Dann ist es mit der Pracht aber auch schon vorbei, der
Rest ist unscheinbar graugrün. Die Weibchen sind gar so unscheinbar, dass mancher sie für Spatzen hält (die aber niemals grünlich sind). Nein, verwechseln kann
man Grünfinken eher mit Erlenzeisigen (S. 82) und Girlitzen (S. 80). Am besten
achtet man daher auch auf die Stimmen.

Verhalten: Als Vegetarier bleiben die meisten Grünfinken auch den Winter über im
Lande, streifen dann aber gerne mit anderen Finken und Ammern in der Gegend
herum. Seine Nahrung sucht der Grünfink hauptsächlich am Boden, wenn er nicht
gerade Knospen und Kätzchen in höheren Etagen zu sich nimmt. Im Winter ist er
Stammgast am Futterhaus. Der häufig zu hörende Gesang ist abwechslungsreich
und kräftig, manchmal wohltönend, manchmal klingelnd-klirrend. Oft tragen die
Männchen ihn auch im Balz- oder Revierflug vor, wobei sie wie betrunken herum-
flattern.

Vorkommen: Offene Landschaften mit Bäumen und Baumgruppen und Flächen
kurzer oder schütterer Vegetation, Parks und Gärten, bis ins Zentrum der Städte.
Zur Nahrungssuche findet man sie an Bahndämmen und Wegrändern, auf Feldern
und Industriebrachen, überall wo Wildstauden noch blühen und fruchten dürfen.

Nahrung: Eine vielseitig vegetarische Nahrung hält den Grünfink frisch und grün.
Je nach Jahreszeit stehen reife und halbreife Samen von Gräsern, Kräutern und
Bäumen, Beeren und weiche Früchte, Blatt- und Blütenknospen auf dem Speiseplan. Besonders beliebt sind die an Vitamin C reichen Hagebutten. Fleischliches
gibt es selten; offenbar werden nur die kleinen Jungen mit eiweißreichen Blattläusen gefüttert.

Fütterung: Zu Futterstellen kommen Grünfinken oft in großen Scharen. Dabei sind
sie in der Wahl der Körner, Samen, Beeren und Fette nicht sonderlich wählerisch.
Besonders gern suchen sie Körner, Samen und Erdnussbruch auf dem Boden,
auch wenn für unsere Augen das Futter im Rasen oder in anderer niedriger
Vegetation fast verschwindet.

Im Futterhaus, am Boden:

GRÜNFINK, MÄNNCHEN

Stieglitz *Carduelis carduelis*

Aussehen: Mit seiner Farbenpracht wirkt der Stieglitz oder <u>Distelfink</u> wie ein Exot in unserer sonst eher bieder gefärbten Vogelwelt. Rot mit Schwarz ist das Gesicht und weiß eingerahmt und wiederum schwarz begrenzt am Scheitel und hinter den Ohren. Vom schwarzen Flügel hebt sich ein gelbes Feld mit der Leuchtkraft einer reifen Zitrone ab. Der weiße Bürzel trennt den samtbraunen Rücken vom schwarz-weißen Schwanz. Unterseits ist er geschmackvoll weiß, mit beigen Flanken.

Verhalten: Die muntere Wesensart der Stieglitze wird noch durch ihren namengebenden »stiglit«-Ruf unterstrichen. Und sie sind sehr gesellige Vögel, die gern in Schwärmen über Disteln und andere samentragende Stauden herfallen und bei Beunruhigung mit viel »stiglit« und hüpfendem Flug wieder davonfliegen. Der Gesang ist ein munteres Gezwitscher, in das der typische Ruf immer wieder eingeflochten wird. Im Übrigen sind diese »Exoten« keineswegs sehr kältescheu, weichen im Winter nur gerade nach Frankreich oder ans Mittelmeer aus und kehren bald wieder heim. In wärmeren Landesteilen oder milden Wintern bleiben viele auch gleich hier.

Vorkommen: Wenn schon Grünfink und Girlitz auf Unkrautsamen angewiesen sind, so ist der Stieglitz noch viel mehr darauf spezialisiert. Sein spitzer Schnabel mit den scharfen Kanten ist ein Spezialinstrument, um an tiefsitzende Distel- und Klettensamen zu kommen. Darum lebt er in offenen Landschaften mit einigen Bäumen (für das Nest), wo es noch die in der Agrarlandschaft fast ausgerotteten Disteln und Kletten in genügender Zahl gibt. Städte und Dörfer mit nicht zu eifrigen Gärtnern werden ebenfalls regelmäßig besiedelt.

Nahrung: Fast ausschließlich Sämereien der verschiedensten Pflanzen, wie Löwenzahn, Huflattich, Disteln und Kratzdisteln, Wiesenbocksbart und Sonnenblumen, aber auch von Bäumen, wie Birke und Erle. Selbst die Jungen bekommen im Kropf vorgeweichte Samen und nur gelegentlich auch einmal ein paar Blattläuse.

Fütterung: Lassen Sie Ihren Garten ein bisschen verwildern, mit vielen samentragenden Wildstauden, die den Winter über stehen bleiben – das ist die beste Gewähr dafür, diese hübschen und stets gut aufgelegten Vögel anzulocken. Natürlich machen sie auch von einem vielseitigen Sämereiangebot im Futterhaus Gebrauch oder suchen mit anderen Finken das Futter am Boden.

Im Futterhaus, am Boden und an Stauden:

STIEGLITZ

Gimpel *Pyrrhula pyrrhula*

Aussehen: Sie haben etwas Behäbig-Gutmütiges, diese stets in treuer Partnerschaft zu beobachtenden Vögel. Mit seiner leuchtend roten Unterseite fällt das Männchen sofort auf. Auf dem Rücken trägt er ein Cape in dezentem Grau, Schwanz und Flügel sind schwarz, letztere mit weißer Binde. Weiß sind auch der Bürzel und die Unterschwanzdecken – auch beim viel schlichteren Weibchen, das überall dort braun ist, wo der Mann Rot und Grau trägt. Die schwarze Kappe und das behäbige Gebaren haben ihnen auch den Namen <u>Dompfaff</u> eingetragen.

Verhalten: Bekanntlich dienen die Gesänge der Vögel nicht nur uns zur Freude, sondern auch der Reviermarkierung und dem Anlocken der Weibchen. Der friedliche Gimpel gehört zu den wenigen Vögeln (s. auch <u>Kernbeißer</u>, S. 78), die kein Revier gegen Artgenossen verteidigen, und auch die Dauerehe erfordert offenbar keine stimmgewaltigen Arien. Entsprechend zurückhaltend ist ihr Gesang: Ein leises Plaudern mit kleinen Pfiffen und Trillern dazwischen. Auch der typische Lockruf, ein weiches »djü«, klingt gemütvoll und sanft. Früher hielt man die hübschen Vögel im Käfig und brachte ihnen kleine Melodien bei, die sie kunstvoll nach pfiffen.

Vorkommen: Sie brüten in Nadel- und Mischwäldern mit dichtem Unterholz, in Fichtenschonungen und in immergrünen Hecken und Büschen von Parks und Gärten. Im Winter streifen sie weit umher, sind aber nie fern von Gebüsch und Bäumen.

Nahrung: Samen und Knospen vieler Bäume, Sträucher und Kräuter sind die Hauptnahrung. Auch Beeren werden gern gefressen, allerdings um der Samen willen, das Fruchtfleisch wird geschickt geschält und fallen gelassen. Auch viele Samen werden geschält. Durch den Verbiss von Obstbaumkronen können Gimpel in gewissem Umfang schädlich werden.

Fütterung: Vielseitiges Körnerfutter und Zweige mit nahrhaften Knospen locken die schönen Vögel ans Futterhaus.

Im Futterhaus, am Boden:

GIMPEL, MÄNNCHEN

GIMPEL, WEIBCHEN

Fichtenkreuzschnabel *Loxia curvirostra*

Aussehen: An ihrem verdrehten Papageienschnabel kann man die Kreuzschnäbel sofort erkennen. Allerdings sieht man dieses Merkmal nur aus der Nähe oder mit gutem Fernglas. Aus der Ferne fallen die nur gimpelgroßen Vögel eher durch ihr Verhalten als durch äußere Merkmale auf. Das Rot der Männchen ist so gedeckt, dass sie im Schwarm mit den grünlichen Weibchen und den braun gestreiften Jungvögeln nicht sehr herausstechen. Auffälliger sind bei abfliegenden Vögeln der rote männliche und der gelbgrüne weibliche Bürzel.

Verhalten: Der merkwürdige Schnabel ist eine Anpassung an ihre Hauptnahrung, die in Zapfen verborgenen Samen von Koniferen. Mit diesem Werkzeug können sie die Zapfenschuppen öffnen, während andere Vögel darauf warten müssen, dass Zeit und Wetter ihnen die Samen erschließen. Da Koniferen nur alle paar Jahre kräftig fruchten, richten Kreuzschnäbel Brutzeit und Wanderungen danach aus: Sie gelten als »Zigeuner«, die bald hier bald dort auftauchen, für eine Brut bleiben oder auch rasch wieder verschwinden.

Vorkommen: Bis zur Waldgrenze im Gebirge sind Nadelwälder der bevorzugte Lebensraum des Fichtenkreuzschnabels. Bei ihren Streifzügen durchs Land lassen sich die Vögel aber auch vorübergehend in Mischwäldern der Niederungen, in Parks mit alten Nadelbäumen und ähnlichen Biotopen nieder. Hauptsache, es gibt reichlich Zapfen.

Nahrung: Die Samen zapfentragender Bäume sind entschieden ihre Hauptnahrung, die von Fichten vor allem, aber auch von Tannen, Kiefern, Lärchen. Daneben ergänzen Bucheckern und andere Laubbaumsamen sowie die Samen von Korbblütlern und allerlei Knospen, Triebspitzen, Blütenstände und Beeren den Speiseplan. Im Frühjahr und Sommer werden Insekten und Spinnen von den Ästen abgelesen und an die Jungen verfüttert.

Fütterung: Fichtenkreuzschnäbel gehören nicht zu den üblichen Futterhausbesuchern. Nur wo ältere Koniferengruppen oder besser noch Nadelwälder in der Nähe sind, kann man mit ihrem Erscheinen rechnen. Gewöhnliches Körnerfutter entspricht durchaus ihren Bedürfnissen. Ob sie auch Fett nehmen, ist nicht bekannt.

Im Futterhaus, am Boden:

92

FICHTENKREUZSCHNABEL, MÄNNCHEN

FICHTENKREUZSCHNABEL, WEIBCHEN AM WINTERLICHEN NEST

Stichwortverzeichnis